함부로
사표를
던지지 마라

행복한 성공을 위한 직장생활 매뉴얼

✸

행복한 성공을 위한 직장생활 매뉴얼

함부로 사표를 던지지 마라

초판 1쇄 인쇄 2020년 3월 12일
초판 1쇄 발행 2020년 3월 19일
지은이 노주선
펴낸이 최익성
편집 오성아
마케팅 임동건, 임주성, 김선영, 홍국주, 황예지, 신원기, 강송희
경영지원 이순미, 신현아, 임정혁

펴낸곳 플랜비디자인
디자인 올컨텐츠그룹

출판등록 제2016-000001호
주소 경기도 화성시 동탄반석로 277
전화 031-8050-0508
팩스 02-2179-8994
이메일 planbdesigncompany@gmail.com

ISBN 979-11-89580-26-1 03320

※ 이 도서의 국립중앙도서관 출판예정도서목록(CIP)은 서지정보유통지원시스템 홈페이지
   (http://seoji.nl.go.kr)와 국가자료종합목록 구축시스템(http://kolis-net.nl.go.kr)에서
   이용하실 수 있습니다. (CIP제어번호 : CIP2020009430)

함부로
사표를
던지지 마라

———

행복한 성공을 위한 직장생활 매뉴얼

노주선 지음

⊡— Contents

최근 경영자나 조직 구성원들 모두에게 화두인 주제가 있다.

바로 'Great Workplace!', 하루의 대부분을 직장에서 보내는 점을 감안할 때 행복하고 즐거운 직장생활은 중요한 이슈가 아닐 수 없다. 하지만 직장생활이라는 게 정말 행복하고 즐거울 수 있을까? 행복한 직장생활이라는 것은 과연 가능하기는 한 걸까?

한때 '헝그리 정신'이라는 표현이 유행하고, 이와 같은 마인드가 직장생활이나 삶을 살아가는 데 있어서 근간으로 여겨지던 때가 있었다. 이는 어렵고 힘든 상황에도 불구하고, 무엇이든지 열심히 하고자 하는 적극적인 태도와 열정을 보이는 것을 말한다. 어렵고 힘들던 시절, 이를 극복하고 이겨내는 것은 미덕이고 성공의 근원이었다.

그런데 세상이 참 많이 바뀌게 되면서 '헝그리 정신'은 어느 새인가 '꼰대'들의 구닥다리식 표현으로 취급받고 있다. 물질적 풍요와 여유가 생기고 의식주와 관련된 기본적인 고민이나 걱정이 사라지면서 이제는 '헝그리' 하지 않은 상황이 된 것이다. 그럼 '헝그리' 하지 않은 상황에서는 무엇이 직장생활의 근간이 되었을까? 바로 '행복과 만족, 그리고 즐거움'이 그 자리를 차지하게 되었다.

> **"점수에 대해 연연해하지 않았다. 편안하게 즐기면서 했다."**
>
> – 2010년도 밴쿠버 동계 올림픽 쇼트 프로그램에서
> 세계 신기록을 수립한 후, 김연아 선수의 인터뷰 중

얼마 전 올림픽에서 금메달을 딴 선수들의 인터뷰를 보면서 인상적인 점이 있었다. 그들의 인터뷰 중에 '즐겼다!'라는 표현이 유난히도 눈에 띄었다. 한 분야에서 오랜 훈련과정을 이겨내고 결승전의 긴장감을 극복하면서 세계 최정상에 오르게 한 원동력이 바로 '즐김'인 것이다. 힘들고 어렵지만 이를 즐길 때 극복하고 이겨낼 수 있다. 금메달이라는 결과는 물론 과정도 즐겨야 하는 것이다.

과연 직장생활도 이와 같은 '즐김'이 가능할까?

여러 매체에서 근무 환경이 좋은 회사들을 자주 소개하곤 한다. 좋은 책상과 사무실, 그리고 질 좋은 식사, 그리고 높은 급여와 다양한 복지 등을 자세히 기술하면서 그 안에서 근무하는 사람들이 환하

게 웃고 있는 사진들도 같이 보여준다. 과연 이런 회사를 다니게 되면 모두 행복함을 느끼고 사진처럼 웃으면서 살 수 있을까?

그렇지 않다! 그 안에도 스트레스와 고단함은 존재하며, 대인관계 갈등이나 문제들이 분명히 있다. 그리고 성과에 대한 압박과 재촉, 그리고 성과를 달성하지 못한데 따른 좌절과 책임추궁도 있을 것이다. 겉보기에는 마냥 행복하고 즐거울 것만 같은 직장이지만, 그 안에도 직장생활의 희로애락(喜怒哀樂)이 존재할 수밖에 없다.

분명한 한 가지는 그런 회사를 부러워하면서, 현재 자신이 처한 상황이나 환경에 만족하지 못하고 불만만 가득한 사람은 행복하지 않을 것이라는 점이다. 물론 물리적 환경이 좋으며 대우가 좋은 회사에서 일한다면, 좀 더 행복하고 즐거울 가능성이 높을 수 있다. 하지만 좋은 환경이나 조건이 직접적으로 행복감과 즐거움을 제공하는 것은 아니다.

그 안에 존재하는 나 스스로가 상황을 어떻게 인식하고 받아들이며, 과정 상 문제들을 어떤 방식으로 해결해 나가는가 하는 것이 더욱 중요한 역할을 한다. 어떤 상황이라도 좋은 점은 긍정적으로 인식하고, 문제나 갈등은 적극적으로 해결해 나간다면 행복과 즐거움을 가질 수 있다. 즉, 행복과 즐거움은 환경이 주는 것이 아니며, 그 환경 속에 존재하는 나 자신이 찾아내는 것이다.

이 책은 당신의 직장 환경을 개선해주거나 급여를 인상해주지 않는다. 하지만 하루의 대부분을 보내는 직장생활을 좀 더 즐기면서 행복할 수 있도록 돕는 여러 가지 노하우가 담겨 있다. 당신은 이 책을 통해 현재 내 상황을 보다 객관적이고 합리적으로 받아들이고, 직장생활 중 필연적으로 발생하는 스트레스나 어려움을 효과적으로 관리하고 극복하는데 도움이 될 수 있을 거다. 결국 행복과 즐거움은 스스로 발견하고 찾아가야 하는 것이며, 이는 결국 내 선택이다.

'고진(苦盡)'과 '감래(甘來)'는 비례한다

직장생활의 양면성

지금까지 살아오면서 가장 즐겁고 기뻤던 일들을 떠올려보라. 아마도 그중에는 직장에 합격했던 일이 포함될 것이다.

직장에 입사한다는 것은 지금까지 해왔던 학생으로서의 생활 혹은 오랜 취업 준비과정을 마치고 이제 본격적인 사회인이 된다는 것을 의미한다. 또한 나의 일이 생기는 것이며, 이를 통해 소위 '돈을 버는' 경제적 활동이 시작된다. 그리고 일을 하고 성과를 내면서 스스로 보람과 자부심을 느끼게 되는 "나의 일"이 생기는 것이다.

하지만 직장생활이 이렇게 장밋빛이기만 하면 얼마나 좋겠는가?! 아침 일찍 출근해서 저녁 늦게까지 업무를 보아야 하기 때문에 신체적 및 정신적으로 지칠 수밖에 없다. 또한 직장 내 관계란 기본적으로 이차적 관계이기 때문에 이전에 경험했던 대인관계와는 상당히 다른 양상을 보이게 된다.

상사의 지시와 통제는 학생 때 교수님이나 선생님과의 관계와는 비교할 수 없을 정도이며, 동료와의 관계는 친구 관계와는 다르기 때문에 '탁 터놓고 대화할' 사람 하나 찾기가 쉽지 않다. 일은 쉽게 되는가? 학교에서 뭘 배웠나 싶게 새롭게 배워야 할 것도 많을 뿐 아니라 실수라도 하게 되면 더욱 큰 고초를 겪게 된다.

헛된 기대는 실망과 좌절을 부른다

그런데 보통 직장에 들어갈 때에는 장밋빛 기대와 희망을 가지고 시작하기 마련이다. 신입사원 교육에 가보면 다들 희망과 열정에 가득 차 있는 모습을 보게 된다. 이제 직업을 가지게 되었다는 기쁨과 월급을 받으면 부모님에게 첫 선물을 무엇을 할까 하는 행복한 고민에 잠기게 된다. 직장생활과 관련된 어려움과 고난은 아직 그들에게는 현실이 아닌 것이다.

우리가 해외여행을 갈 경우 해당 방문국에 대해 철저한 조사를 하고 세부적인 일정을 꼼꼼히 계획함으로써 더욱 알찬 해외여행이 된다. 그렇게 함으로써 최대한 즐겁고 행복한 여행을 할 수 있으며, 후일 좋은 기억과 많은 추억들로 남게 된다.

마찬가지로 직장생활에 대해서도 적절한 수준의 긍정적 기대를 넘어서는 헛된 기대와 희망을 접고 현실을 맞이할 준비도 병행하는 것이 중요하다. 이를 통해 직장생활에서 가질 수 있는 만족과 즐거움, 그리고 성취를 최대한 누림과 동시에 불필요한 실망과 좌절을 감소시킬 수 있다. 이를 통해 나의 직장생활을, 가능한 한 즐겁게, 그리고 스트레스와 상처는 덜 받으면서 즐길 수 있는 것이다.

이 글은 사람들이 흔히 가지는 직장생활에 대한 거품과 환상을 걷어내고, 보다 행복하고 즐거운 직장생활이 되도록 도와주기 위한 목적으로 쓰여졌다. 우리가 직장생활에 대해 가지고 있는 헛된 기대와 잘못된 인식을 정리하고, 매일 직면하는 다양한 이슈들에 대한 현실적 솔루션을 제공하고자 한다.

직장생활에서 행복과 즐거움을 이루는 방법은 현실에 대한 정확한 현황 파악과 수용, 그리고 그에 기반한 적극적 대처와 해결이다. 물론 그 과정이 쉽지는 않겠지만 이를 위해서 노력하며 새롭고 건강한 습관을 만들 때, 본인이 기대하는 행복하고 즐거운 직장생활에 좀 더 가까이 갈 수 있게 된다.

이 책이 필요한 사람은…

자기계발서가 항상 도움되는 것은 아니다. 자신의 필요와 특성, 그리고 현재의 상황에 따라 도움이 되는 경우가 있고, 전혀 도움이 되지 않는 경우도 있다. 하지만, 다음에 해당하는 사람이라면 이 책은 좋은 동반자가 되어줄 거다.

첫째, 이제 직장생활을 시작하는 사람들.

직장생활을 새롭게 시작하는 단계에서, 그곳의 객관적 현실과 활용 가능한 솔루션을 미리 알 수 있다. 단순한 열정과 무모한 적극성만을 가지고 직장생활을 시작한다면, 여러 가지 시행착오와 불필요한 상처나 좌절을 경험하게 된다. 현실을 인지하고 솔루션을 미리 준비함으로써 이와 같은 상처와 좌절을 최소화하는데 도움이 될 것이다. 좀 더 정확하게 현실을 인식하게 해 주며, 가능한 한 빨리 자신의 역할에 적응하게 함으로써, 결국에는 본인과 조직 모두에게 이로운 결과를 이끌어 낼 수 있다.

둘째, 직장생활 경험이 어느 정도 있으면서, 적극적으로 직장생활을 해보고싶은 의지가 있는 사람들.

지금까지 나름대로의 판단과 방식으로 잘 적응해왔고 앞으로도 열심히 하겠다는 적극적인 의지와 열정을 보유한 사람들에게는, 이 글을 읽는 것이 지금의 현실을 객관적으로 돌아보고 정리하는 기회가 될 것이다. 그리고 이를 통해 본인의 전반적 효율성을 높여 앞으로의 직장생활에서 즐거움과 만족을 더욱 향상하는데 도움될 것이다.

셋째, 직장생활을 성공적으로 잘 하고 있지만, 재도약과 정리가 필요한 사람들.

어떤 상황에서든 매너리즘이 생길 수 있으며, 그땐 자신에 대한 자극과 개선이 필요하다. 지금까지 잘해왔다 하더라도 재도약을 위해서는 터닝포인트가 필요하다. 이 책을 통해 지금까지의 직장생활을 제대로 리뷰하고 성찰해보는 시간을 갖기 바란다. 이를 통해 앞으로의 직장생활을 한 단계 업그레이드 시키고, 더 큰 성과와 심리적 만족감도 얻을 수 있을 것이다.

이 책이 도움되지 않는 사람은…

반면 이 책을 추천하고싶지 않은 사람도 있다.

다음에 해당하는 사람은 차라리 이 책을 읽지 않는 것이 좋다. 괜히 본인의 짜증과 스트레스만 더 가중될 수 있기 때문이다.

첫째, 직장생활 중 부정적인 감정에 휩싸여 있는 사람들.

부정적 감정에 휩싸여 있다는 것은, 상황을 객관적으로 보거나 현실을 받아들일 준비가 되어 있지 않다는 것을 의미한다. 이런 경우 아무리 합리적이고 객관적 입장에서의 조언을 제공하더라도 수용하기 어렵다. 그래서 이 책의 내용이 읽기 불편할 가능성이 높다. 안 그래도 우울하고 지친 마음, 글까지 읽어가면서 더 힘들어질 이유가 없다. 이런 경우 차라리 이 책을 피하는 것이 좋다.

다만 이 혼란을 극복하고자 하는 적극적 의지와 필요성을 느끼는 경우에는 큰 도움이 될 수도 있다. 어쩌면 현재 내 심리적 혼란의 원인에 대해 통찰을 얻을지도 모르며, 개선할 수 있는 방향이나 방법들을 깨닫게 되는 계기가 될 수 있을 것이다.

둘째, 직장생활이나 조직문화에 반감과 분노가 가득한 사람들.

분노와 반감이 가득 찬 경우라면 글 내용이 불편할 수 있을 뿐 아니라 소위 '꼰대'들의 갑갑한 잔소리처럼 들릴 것이다. 적어도 객관성을 가지고 현실을 받아들이고자 하는 열린 마음이 준비된 후에 읽는 것이 좋다.

단, 내 반감이나 분노가 정당하고 객관적인 것인지, 혹은 내가 좀 다르게 생각할 수도 있었던 것인지를 검증해볼 수는 있다. 만약 이 책의 내용과 논리가 맞다고 가정하며 받아들일 마음이 있다면!

셋째, 직장생활에 대한 큰 미련과 욕심이 없는 사람들.

돈이 충분히 많아서 직장을 굳이 열심히 다니지 않아도 되는 사람들은 이 글을 읽을 필요 없다. 또한 직장에 대한 정이 떨어져서 단지 생계를 유지하기 위한 돈벌이 수단으로 다니는 사람도 이 글을 읽을 필요가 없다.

혹은 직장생활이란 것이 나랑은 너무 안 맞아서 아무래도 창업을 하거나 다른 길을 찾으려고 이미 결심한 사람들도 읽지 않는 것이 좋다. 슬픈(?) 현실 이야기를 들어서 무엇하겠는가? 오히려 직장을 나가야 할 더욱 공고한 이유와 근거를 찾는 계기가 될 것이다.

하지만 사업을 하든, 아니면 다른 새로운 직장을 찾든, 사람들이 모여하는 일을 하겠다고 한다면, 한번 읽어보는 것을 추천하고 싶다. 이 책의 내용은 혼자서 자기 맘대로 일하는 것이 아니라 사람들끼리 부딪치면서 일하는 곳이라면 다 적용되는 내용이기 때문이다.

책 활용법

직장생활은 자유로운 배낭여행과 같은 것이다. 뚜렷하게 목적지가 있을 수도 있고, 없을 수도 있다. 동반자가 있을 수도 있고, 때로는 혼자 걷기도 한다. 때로는 고속도로를 타고 빠르게 가기도 하지만 어떤 때에는 바닷가의 해안도로를 천천히 걸으면서 풍경을 즐기기도 한다. 또한 경치가 좋거나 마음에 드는 곳이 있으면 며칠을 머물러도 좋다.

이 책은 배낭여행 안내서와 같은 기능을 하길 바라는 바람으로 썼다. 즉, 직장생활에 대한 적절한 안내서와 같은 기능을 통해 당신이 좀 더 즐겁고 행복한 직장생활을 하는 데 도움이 되면 좋겠다. 이 책을 읽어볼 마음이 충분히 생겼다면, 다음의 방법으로 책을 활용해주면 좋겠다.

우선 이 글의 전반적인 내용을 훑어보고 하나씩 차근차근히 순서대로 읽어 나가도 좋다. 특히 직장생활에 첫발을 들여놓는 사람들이나 10년 정도 직장생활을 마치고 전반적인 리뷰를 하고 싶은 사람들에게 이 방법을 권한다. 전반적인 직장생활에 대한 조망을 가지거나, 균형적 관점에서 나를 재조명하는데 도움이 될 것이다.

현재 직장생활과 관련된 이슈나 고민이 있는 사람이라면, 읽고 싶은 부분만 골라서 읽어도 좋다. 예를 들어 직장 내 인간관계 상 고민이 많다면 'Part 4. 직장인의 대인관리'나 현재 이슈와 관련하여 관심이 가는 특정 제목 부분만 읽어도 좋다. 책을 아예 읽지 않는 것 보다 몇 가지 주제라도 읽는 것이 더 도움될 것이다.

마지막으로 영어사전처럼 활용하는 방법이 있다. 내 책꽂이에 가장 잘 보이는 곳에 그냥 꽂아 두라. 원래 자기계발서는 다 읽어야하는 것이 아니다. 그저 심리적 안정감을 주거나 위안을 주는 기능이 더 크다. 그러다 어느 날 책꽂이에 있는 '함부로 사표를 던지지 마라'라는 제목이 끌리는 날이 있을 거다. 그때 읽어도 좋다.

그날을 위해서 그냥 잘 보이는 곳에 꽂아 두라. 그러다 문득 작은 도움이 된다면, 그 자체로도 의미가 있다. 만약 이 책이 끌리지 않을 정도로 직장생활을 잘하고 있다면 스스로를 기특하게 생각하고 즐겁게 생활하면 된다.

행복한 직장에서 성공하는 나를 위하여

직장생활에서의 성공과 행복은, 직장생활에서 추구하는 가장 중요한 두 가지 가치요 목표다. 그리고 이 두 가지는 서로 밀접하게 연결되어 있다. 이 글에서는 이 두 가지를 위한 내용들로 구성되어 있다.

첫째는 '행복한 나 만들기'이다.

직장에서 나 자신을 행복하게 만들거나 직장을 행복한 곳으로 느끼도록 하는 것이다.

이 글에서는 직장생활에 대한 객관적인 현실을 이해하고, 그에 따라 스스로를 효과적으로 관리하여, 직장 내에서 행복을 만들어가는 방법에 대해 이야기하고 있다. 직장이라는 정글에서 나를 지키고 보호하며, 행복과 즐거움을 스스로 만들어 가는 방법들을 배울 수 있다.

둘째는 '성공하는 나 만들기'이다.

직장에서 유능하다고 인정받고 스스로도 자신감을 높일 수 있어야 한다.

이 글에서는 직장 내 업무적, 혹은 대인관계 측면에서 분명하고 현실적인 목표 하에 성공적인 생활을 해 나가기 위한 방법에 대해 이야기하고 있다. 직장생활을 해야 한다는 가정 하에, 가능한 한 성공적이고 좋은 결과를 내기 위한 방법들을 배울 수 있다.

현재 자신의 상황이나 필요에 따라서 둘 중 원하는 방향으로 이 글을 읽으면 된다. 어찌 되었건 직장에서의 성공과 행복은 가장 중요한 두 가지 가치요, 목표이다. 그리고 이 두 가지는 서로 밀접하게 연결되어 있다. 부디 본 글이 직장에서 하루하루를 보내는 데 있어서, 성공적이며 행복한 직장생활이 되는데 조금이라도 도움되기를 바란다.

함부로
사표를
던지지 마라

직장은 나름대로의 일반적인 문화와 특성이 있다. 직장은 가족 관계나 학교 생활과는 다르게 '일하는 곳'이기에 생기는 고유한 특징들을 정확하게 이해해야만 건강하고 활기찬 직장생활을 할 수 있다. 하지만, '직장(일하는 곳)'이 가지는 특징을 잘못 이해하고 있다면 불필요한 스트레스나 문제들이 발생할 수밖에 없다.

직장은 기본적으로 이익집단이다. 성과를 달성하기 위해 모인 목적적인 집단이며, 비즈니스 결과를 만들어내기 위한 뚜렷한 목적이 있는 곳이다. 비즈니스를 위한 목적적 관계라는 전제하에 고유한 나름대로의 문화가 만들어지며 다양한 특징들이 발생하게 된다. 이를 제대로 인식하고 받아들이는 것이 첫번째 과업이다.

헛된
기대는
버리라!

: 직장생활 리얼리티

01
첫 단추가 중요하다

헛된
기대는
버리라!

어떤 경험이든 첫 경험이 가장 오래 기억에 남는 법이다. 첫사랑에 대한 추억은 성인이 되어서도 자신을 설레게 하며, 첫 직장에서 첫 출근할 때의 가슴 벅찬 느낌은 잊기 힘든 법이다. 이와 같은 첫 경험은 후일 유사한 경험의 기준점이 되어 이후 경험들을 판단하는데 큰 영향을 미치게 된다.

첫사랑이 무척이나 아팠던 사람은 그 이후에도 아픈 사랑에 대한 두려움을 품고 있게 된다. 반면 첫사랑을 애틋함으로 기억하는 사람은 그 애틋함이 다시 찾아올 날을 기대하게 된다. 친구들과 좋은 관계를 맺었던 사람은 타인에 대해서 긍정적인 기대가 많을 것이나 싸움이나 갈등이 많았던 사람들은 일단 불신부터 하고 조심스러움을 가지고 타인을 대하게 된다.

직장도 마찬가지이다. 직장에서의 첫 경험은 이후 직업인으로 살아가는 데 있어서 매우 강력한 영향력을 끼치며, 보이지 않게 내 판단과 평가의 잣대가 된다. 따라서 회사 혹은 직장에 대한 첫 경험을 잘 만드는 것은 항상 중요하다. 어떻게 하면 이 중요한 첫 단추를 잘 채울 수 있을까?

본인이 원하는 직장생활부터 확인하라

우선은 본인이 원하고 바라는 직장생활에 대한 기대와 요구부터 확인해야 한다. 이와 같은 내적인 요구에 대한 분석 없이 남들이 인정하고 부러워하는 대기업에만 몰두하는 경우가 매우 흔하다.

이런 경우 첫 직장에서부터 제대로 적응을 하지 못하고 실패하기 쉽다. 이런 실패 경험은 직장생활에 대한 자신감을 저하시키고 사람을 위축되게 만든다. 아무리 겉보기에 좋은 직장이며 일반적으로 부러워하는 곳이라 해도 나와 맞지 않으면 아무 소용이 없는 것이다. 이를 파악하기 위해 다음의 질문에 대답해보라.

| **1** 성공에 더 도움되는 길은?

Ⓐ 더 나은 직무를 선택하는 것

Ⓑ 더 나은 조직을 선택하는 것

| **2** 일을 더 잘하게 하려면?

Ⓐ 각자 영역을 존중해 주는 분위기

Ⓑ 상호 협력적 분위기

| **3** 성과를 높이려면?

Ⓐ 개인이 맡은 바 업무를 열심히 함

Ⓑ 협력하여 시너지를 냄

| **4** 성과에 더 장애가 되는 상황은?

Ⓐ 개인 의견을 존중하지 않는 부서

Ⓑ 의견 합의가 잘 되지 않는 부서

| 5 개인이 조직에 충성심을 더 느끼는 계기는?

Ⓐ 개성을 존중받는 것

Ⓑ 일체감을 느끼는 것

| 결과 Ⓐ (　　　) 개 / Ⓑ (　　　) 개

당신의 결과는 어떠한가? Ⓐ가 더 많은가, 아니면 Ⓑ가 더 많은가?

Ⓐ를 더 많이 선택한 경우, 개인의 개성이 존중되는, 자율적 분위기에서의 업무 수행을 선호하는 사람이다. 이들은 개인의 영역이 보장되기를 원하며, 간섭이나 통제에 대하여 부정적인 편이다.

Ⓑ를 선택하는 경우, 조직의 가치를 존중하며, 협력적인 업무 분위기를 선호하는 사람이다. 이들은 공동의 작업을 선호하며, 공동의 성과를 통해 보람과 만족을 함께 공유하기 원한다.

이 두 가지 유형의 사람들은 각자 선호하는 업무나 혹은 원하는 조직이 서로 다를 것이다. 무조건 남들이 그럴듯하다고 생각하는 대기업에만 몰두하는 것은 답은 아니다. 그 안에서도 본인이 원하는 바를 분명하게 인지하고 있어야 한다.

현재 조직문화를 분석하라

본인이 원하는 직장생활을 확인하였다면 그다음은 당신이 원하는 혹은 당신이 현재 근무하고 있는 조직의 조직 문화를 파악하는 것이

필요하다.

조직 문화라 하면 일 처리 방식, 전반적인 대인관계 패턴, 그리고 조직이 중시하는 가치나 체계 등을 포함하는 포괄적 개념이다. 이를 확인하기 위해서는 현재의 직장, 혹은 당신이 가고 싶어 하는 직장을 기준으로 다음의 질문에 대답해보라(만약 신입의 경우나 혹은 이직을 할 예정이라고 하면, 그 직장에 다니는 사람에게 아래의 내용을 질문하여 평가하면 된다).

| 1 우리 조직에서 성공의 의미는?
　Ⓐ 개인적 역량 향상
　Ⓑ 조직의 가치 향상

| 2 우리 조직의 분위기는?
　Ⓐ 각자 영역을 존중해 주는 분위기
　Ⓑ 상호 협력적 분위기

| 3 우리 조직에서 강조하는 점은?
　Ⓐ 개인이 맡은 바 업무를 열심히 함
　Ⓑ 협력하여 시너지를 냄

| 4 우리 조직에서 문제가 되는 상황은?

  Ⓐ 개인 의견을 존중하지 않는 부서

  Ⓑ 의견 합의가 잘 되지 않는 부서

| 5 우리 조직에서 더 강조점을 두는 것은?

  Ⓐ 개성을 존중받는 것

  Ⓑ 일체감을 느끼는 것

| 결과 Ⓐ (   ) 개 / Ⓑ (   ) 개

당신이 근무하는, 혹은 선택한 조직의 결과는 어떠한가? Ⓐ가 더 많은가, 아니면 Ⓑ가 더 많은가?

Ⓐ를 더 많이 선택한 경우, 개인의 개성을 중시하는 자율적 분위기의 성과중심적 조직일 가능성이 높다. 예를 들어 IT 업계나 벤처 기업, 혹은 외국계 기업 등이 이에 해당한다.

반면에 Ⓑ의 경우에는 조직의 가치나 상호 간의 관계를 중시하며, 협력과 조화를 중시한다. 전통적이고 보수적인 대기업이나 공기업의 조직 문화가 이에 해당한다.

물론 이와 같은 원칙을 일률적으로 적용하는 것은 무리이다. 외국계 기업의 경우라도 국내에 들어온 지가 오래된 회사인 경우에는 오히려 Ⓑ의 성향을 더 보이는 경우도 자주 있다. 또한 IT나 벤처 업계

의 경우에도 조직이 커진 경우 Ⓑ의 성향을 보일 수도 있다. 반대로 대기업이나 공기업의 경우에도 전체적인 조직의 크기나 업의 형태 등에 따라 Ⓐ의 성향을 보일 수도 있다.

나와 조직 간의 일치도를 분석하라

중요한 점은 내가 선호하는 조직문화도 아니고 내가 근무하는 조직의 조직문화 성향도 아니다. 이 두 가지 접근은 옳고 틀린 것이 있는 것은 아니다. 내가 선호하는 조직문화와 내가 근무하거나 가고 싶어하는 조직문화 간의 일치도가 더욱 중요하다.

만약 내가 선호하는 조직문화와 현재 근무하는 회사의 조직문화가 서로 일치하는 편이라면 몰입과 집중이 비교적 쉬울 것이며, 내적 열정을 가지고 잘 근무하면 된다. 반면 내가 선호하는 조직문화와 현재 근무하는 회사의 조직문화가 서로 일치하지 않는 편이라면 조직에 대한 충성도가 낮을 것이며, 그로 인해 업무에 대한 열정이나 몰입도 부족하게 될 가능성이 높다.

이런 경우라면 선택의 문제가 생긴다. 계속해서 이 조직에 남아 적응하기 위해서 열심히 노력을 해 볼 것인가, 아니면 아예 나에게 맞는 조직에서 새로운 시작을 할 것인가? 이는 단지 선택의 문제일 뿐이다. 정답은 없다!

나와 조직 간의 일치도가 높지 않다면 어떻게 할 것인가? 과연 나에게 맞는 조직을 찾아서 새로운 시작을 하는 것이 적절할까, 아니면 이 조직에서 더욱 노력하는 것이 맞는 것일까? 이 질문에 대해 굳이 대답을 한다면, '현재의 조직에서 최선을 다하는 것이 대부분은 낫다!'이다.

그 이유는 첫째, 나에게 적합한 조직을 찾는 것 자체가 쉬운 일이 아니다. 겉에서 보는 조직과 실제로 근무하면서 겪는 조직은 다른 경우가 많다. 나에게 맞는 최적의 조직을 미리 찾는 것 자체가 불가능할 수도 있다. 직접 겪어보지 않으면 진짜 속사정은 모르는 법이기 때문이다.

둘째, 다른 곳에 가도 마찬가지이기 때문이다. 나와 모든 것이 맞는 조직은 없다. 어느 정도는 맞고, 어떤 부분은 양해하고 넘어가는 것이다. 아마도 다른 조직에 간다고 해도 그곳은 그곳 나름대로의 어려움이 존재한다. 그때는 어떻게 할 것인가?

평양감사도 본인이 싫으면 못 하는 것이다. 그전에 본인이 무엇을 원하는지를 먼저 판단하고, 그에 맞는 조직을 선택하는 것이 첫 경험을 좋게 만드는 비결이다.

02
로마에는 로마의 법이 있다

헛된
기대는
버리라!

신입사원의 경우 직장생활을 시작하는 순간, 이전의 생활과는 판이하게 다른 새로운 세상을 맞이하게 된다. 아침 일찍 출근하여 저녁까지 하루 대부분의 시간을 직장에서 보내게 된다. 또한 이해관계에 바탕을 둔 경쟁적 시스템 내에서 어느 정도는 상명하복의 문화에 적응해야 한다. 이와 같은 새로운 생활 패턴은 이전과는 매우 다를 가능성이 높으며, 이에 적응하는 과정이 필요하다.

이는 단지 신입사원에만 해당하지는 않는다. 만약 한 회사에서 다른 회사로 이직을 하는 경우에도 마찬가지이다. 각각의 회사는 각자 고유의 일처리 방식과 대인관계 패턴을 보이며, 갈등이나 문제에 대처하는 방식도 매우 다르다. 이와 같이 이전과는 다른 새로운 조직문화에 적응하는 과정을 Soft-landing이라 칭한다. 새로운 조직에 가면 그 문화에 적응하는 일련의 과정이 필요하다는 것이다.

로마에서는 일단! 로마법을 따르는 것이 맞다

우리가 해외여행을 가면 그 나라의 문화와 생활방식을 존중하고 따른다. 즉, 로마에 가면 로마법을 따르는 것이 맞다.

그런데 우리는 직장도 또 하나의 로마라는 생각을 잘하지 못한다. 학교와 직장은 분명히 다를 것이다. 그리고 조직의 경우에도 각 회사마다의 고유한 조직문화와 일처리 방식이 있기 때문에 이에 대한 적응도 필요한 것이다.

이 좁은 나라에서도 지역마다 나름대로의 독특한 문화가 있으며,

지역색과 그로 인한 지역갈등이라는 것이 존재할 정도로 그 차이가 뚜렷하지 않은가? 조직도 마찬가지이다. 조직의 특성이나 지금까지의 발전 과정에 따라서 조직 문화 및 일하는 방식 등에서 차이가 존재한다.

예를 들어, 대기업에서는 조직의 가치를 중시하는 경향이 더 강하며, 탄탄한 체계와 시스템으로 돌아가는 경우가 많다. 반면에 외국계 기업이나 IT 업계의 경우는 자율적인 반면 성과중심적인 경향이 더욱 뚜렷하다.

또한 대기업군이나 외국계 기업, 혹은 IT업계 내에서도 각 회사별로 차이를 보이게 된다. 어떤 대기업은 벤처 기업보다도 더 자유로운 조직 문화를 보이기도 하며, 한국에서 오래된 외국계 기업의 경우 대기업보다도 더 보수적이기도 하다.

그럼에도 불구하고 상담이나 코칭 현장에서 보면 이와 같은 조직 간 문화 차이에 대한 인식이 부족한 경우를 자주 보게 된다. 이 간단하고 분명한 현실을 인정하는 것이 그리도 어렵다.

로마법을 공부하고 수용하라

이직을 한 사람들이나 신입사원들에게서 자주 듣는 표현 중 하나가 '이 회사는 참 이상해요!', 혹은 '여기는 왜 이러는 거죠?'이다. 이는 Soft-landing(즉, 새로운 조직에 안착하고 적응하기)이 제대로 이루어지지 못했다는 명백한 증거이다. 즉, 현재의 상황이나 조직문화에 적응하지 못한 채, 이전의 가치나 기준에 따라 현 상황을 판단하고 있다는 것을 의미한다.

이는 현재 조직이나 업무 처리 방식에 대한 불만과 내적 스트레스를 증가시키고 업무 효율성을 낮추는 주요 원인이 된다. 이와 같은 현상이 오래 지속된다면 궁극적으로는 조직 내에서의 역할 수행이나 장기적인 성과에도 부정적인 영향을 끼치게 된다.

로마에서 로마법을 따르기 위해서 가장 먼저 해야 할 일은 로마법에 대해서 아는 것이다. 과연 로마에서는 좌측통행을 하는지, 아니면 우측통행을 하는지, 그리고 법에는 나와 있지 않은 미묘한 관습이나 행동방식들이 존재하는지를 알아야 한다. 알아야 적응한다. 그리고 이를 받아들여야 적응이 시작되는 것이다.

이때, '왜?'라는 질문은 별로 도움이 되지 않는다. '여기는 왜 그런 거죠?'라는 질문은 '이해가 안되네!'라는 말과 동일한 것이며, '이해하고 받아들이고 싶지 않다'라는 말과 동의어다. '왜?' 그런지에 대해서는 살다 보면 알게 된다.

현재와 같은 패턴이 형성된 데에는 다 나름대로의 이유가 있으며, 오랜 기간 동안 형성되어 온 결과적 산출물이다. 이를 모두 이해하려면 상당한 시간이 걸릴 수밖에 없다. 지금은 그냥 그 현상만 알고 받아들이면 되는 것이다.

이와 함께 병행해야 할 일은 이전의 생활 방식이나 기대를 버리는 것이다. 신입사원이라면 학교 때의 낭만과 여유에 대한 추억을 접어

라. 만약 경력사원이라면 이전 조직에서의 행동 양식을 버려라. 로마에서 한국의 경우를 들면서 잘잘못을 따지거나 개선을 요구해 봐야 아무 소용이 없다.

이전 조직에서의 기준으로 판단한 현 조직의 불합리나 마음에 안 드는 점에 대해서 바꿀 수 있을 것이라는 기대도 접어라. 조직이 변화할 것이라는 비현실적인 기대를 백날 해봐야 본인 속만 상한다. 더욱이 본인의 판단과 생각이 반드시 맞는 것도 아니다. 단지 "이전 조직에서만" 정답이었을 뿐이다. 현재 조직의 정답은 다를 수 있다!!

멋진 로마를 받아들이고 즐기라!

해외여행의 진정한 의미는 낯선 것에 대한 흥미와 새로운 문화에 대한 경험이다. 로마에는 로마 나름대로의 멋과 풍미가 있다. 이를 열린 마음으로 받아들이고 즐기는 것이 정답이다.

내가 이직을 했던 이유는 무엇인가? 새롭게 직장생활을 시작하게 된 이유는 무엇인가? 이전 직장에서의 불만, 혹은 새로운 변화와 도전을 위한 것이지 않던가?! 열린 마음으로, 그리고 이 직장을 선택할 때 고려했던 장점을 고려해 보라.

좀 더 효과적으로 적응하기 위해서는 이전 직장(혹은 취업 전)과 현재 직장의 장단점에 대해서 비교 분석해 보는 것이 필요하다. 다음의 단계를 거쳐 리스트를 작성해 보라.

첫째, 냉정하게 이직 사유 및 이전 직장의 단점과 문제점을 기록하라.

둘째, 이번 직장을 선택한 이유와 입사 전 고려했던 현 조직의 장점들을 리스팅 해보라.

셋째, 현재 직장에서 근무하며 문제라고 생각되는 점들을 기록하라.

넷째, 그리고 난 후 생각해 보라. 자신이 생각하는 현 직장에서의 문제점이 이 조직에서만 문제점인지, 혹은 이전 직장에서도 문제였는지? 혹은 이전 직장과 현 직장을 제외한 다른 직장에서는 어떠할지에 대해서도 비교해 보라.

	취업 전 / 이전 직장	현재 직장
긍정적 측면	1. 2. 3. 4. 5.	1. 2. 3. 4. 5.
부정적 측면	1. 2. 3. 4. 5.	1. 2. 3. 4. 5.

- 각 셀당 3개 이상 기록 필수
- 만약 현직장에 불만족스럽고 이직을 준비중이라면, '취업 전 / 이전 직장 vs 현재 직장'에 대한 비교를 "현재 직장 vs 다음 직장"으로 놓고 비교할 것

이와 같은 냉정한 분석과 비교는 새로운 선택에 대한 타당성을 높여줄 것이다. 동시에 새로운 조직에 대한 본격적인 안착을 시작하게 될 것이다.

사랑하는 사람끼리 결혼을 해도 서로 간에 적응하는 단계가 필요하다. 20년 이상 매우 다른 문화적 배경에서 살아온 두 사람이 한 지붕 아래에서 살 맞대고 사는 것은 생각보다 쉽지 않다. 청소하는 방식부터 식사 문화, 그리고 휴식을 취하는 방식이나 라면을 끓이는 방식 등 사사건건 부딪치게 된다.

현명하고 지혜로운 부부는 서로 간에 대화하고 타협하면서 이를 맞추고 조절해 나간다. 일방적으로 나의 요구나 기대만 계속해서 주장하거나 상대에 대한 불평만 늘어놓는 부부에게는 싸움과 상처만이 남을 뿐이다.

직장생활도 마찬가지이다. 현재 직장의 문제점들에 초점을 두고 불평과 불만만 늘어놓기보다는 적극적인 타협과 조절이 필요하다. 왠지 예전 직장이 좋았던 것으로 느끼게 되는 것은 감정적 판단 착오인 경우가 많다. 일단은 적극적으로 수용하고 적응해 보라. 그러고 나서도 나와 안 맞는다고 생각이 들거나 문제가 심각하다고 생각된다면 그때는 다른 선택을 해도 된다.

로마를 충분히 이해하고 즐겨보지도 않고 로마가 지루하다고 말하는 것은 오류이다. 일단은 새로운 직장에서, 새로운 사람들과, 새로운 방식으로 애정하고 즐기는 것이 우선 적용해야 하는 해결책이다.

헛된
기대는
버리라!

행복해지는 핵심적 원리 중 하나는 헛된 기대를 접고 현실을 받아들이는 것이다.

자녀의 실력이나 수준을 고려하지 않은 채 남들이 선호하는 최고의 대학에 보내겠다고 결심하는 순간 부모와 자녀는 전쟁을 치르게 된다. 상대 배우자가 내가 원하는 방식으로 변화할 것이라는 기대를 포기하지 않는 한 부부 싸움은 줄어들지 않는다.

자녀의 적성이나 능력 수준을 정확히 파악하고 그에 따른 대안을 추구하는 것이 부모와 자녀가 모두 행복해지는 첫걸음이다. 상대가 변화하기를 요구하고 바라기 전에 상대를 이해하고 서로 맞추어 가는 노력을 결심할 때 부부 사이에 평화가 찾아오고 사랑이 돈독해진다.

직장에서 행복하고 즐겁기 위해서도 헛된 바람이나 비현실적인 기대를 정리하는 것이 필요하다. 은연중에 우리는 직장생활과 관련된 비현실적인 기대를 많이 가지고 있다. 이와 같은 비현실적 기대는 필연적으로 좌절과 스트레스를 불러일으키고, 행복감을 감소시킨다. 동시에 불만으로 가득 찬 투덜이가 되기 쉽다.

대표적인 비현실적인 기대가 바로 '나의 상사'와 '조직'이 '내가 원하는 방식으로!' 변화되었으면 하는 바람이다. 이것들만 정리해도 불필요한 기대가 많이 줄어들며, 헛된 기대와 관련해 발생했던 실망이나 분노 등을 줄일 수 있다.

리더는 안 바뀐다

그 첫 번째는 리더가 변화하기를 바라는 것이다. 리더는 절대 '나의 기대' 대로 변화하지 않는다.

직장인들의 스트레스 원인 1위는 "상사"이다. 업무와 관련하여 밀접하게 엮여 있으며, 나의 업무를 '통제하고 관리' 해야 하는 상사와는 갈등이 있을 수밖에 없다. 전반적인 관계뿐만 아니라 업무를 진행하는 방식이나 소통 방식, 그리고 나에 대한 고과 등에 대해서 불만이 생길 수밖에 없다.

기업에서 교육을 한 후 소감을 물으면, '너무 좋은 교육이었습니다. 그런데 이 교육은 저보다도 제 상사가 받아야 하는 교육인 것 같습니다!'라는 말을 자주 듣는다. 이와 같이 상사가 변화하기를 바라는 것은 헛된 기대이다.

리더는 조직 내에서는 성공한 사람이다. 분명한 성과를 냈으며, 인정을 받았으니 리더가 된 것이다. 그리고 이와 같은 성공과 인정을 받게 된 나름대로의 방식이라는 것이 있다. 이 방식이 항상 당신과 맞는 방식일 수는 없다.

특히 조직에서의 인정이란 사람관리 측면이 아니라 성과 측면에서의 인정인 경우가 많다. 따라서 리더가 되기는 했으나 사람관리라는 측면에서는 취약한 경우도 많다. 업무를 처리하는 방식과 사람을 다루는 방식은 달라야 함에도 불구하고 이를 인지조차 하지 못하는 리더들도 허다하다.

그런데 당신이 과연 이들에게 변화의 필요성을 느끼게 할 수 있을까? 특히 '당신이 원하는 방식'으로 변화할 수 있을까? 그게 가능한 일인지 생각해보라.

아마도 쉽지 않을 것임을 느끼게 될 것이다. 일반적으로 다른 사람이 나에게 문제점을 지적하거나 개선을 요구한다고 해도 이를 쉽게 수용하거나 받아들이기 어렵다. 하물며 그게 나의 부하직원이라면? 더욱 받아들이기 쉽지 않을 것이다.

즉 변화하지 않을 것에 대해서 변화하기를 기대하는 것은 필요 없이 심리적 에너지를 소모하는 것이다. 리더가 바뀌기를 기대하느니 차라리 나와 맞는 부분을 찾는데 그 노력을 기울이는 것이 낫다.

조직은 더 안 바뀐다

두 번째는 조직이 변화하기를 바라는 것이다.

조직은 기본적으로 많은 사람들로 구성되어 있다. 그리고 많은 사람들의 미묘한 역동과 상호작용으로 움직인다. 그래서 조직도 사람과 마찬가지로 나름대로의 성격을 가지고 있다. 그런데 그 내용은 사람에 비하여 훨씬 더 복잡하다. 그리고 조직이 현재의 모습이 된 데에는 나름대로의 과정과 이유가 있다.

사람이 변화하기 쉬울 것 같은가, 조직이 변화하기 쉬울 것 같은가? 조직은 더 변화하기 어렵고, 변화하기 위해서는 상당히 많은 노력과 시간이 필요하다. 조직이 변화하기 위해서는 구성원들의 점진적인 변화가 전제되어야 하며, 그 화학적 총합이 조직의 변화를 가져온다. 그래서 더욱 어려운 것이다.

그럼에도 불구하고 조직이 바뀌기를 원한다면 그 기대를 이루기는 어려울 것이다. 그런데도 계속해서 조직의 문제점이나 개선책에 대해서 고민하고 드라마틱한 변화를 기대한다면, 결과적으로 조직에 대한 불평과 불만만 늘어나는 부정적 결과가 나타날 것이다.

당신이 해당 조직의 CEO 혹은 총괄 책임자이거나, 또는 조직의 변화를 담당하는 특별한 역할이 부여된 부서에 근무하는 경우가 아니라면, 나 혼자의 힘으로 조직을 바꿀 수 있는 현실적인 방법은 거의 없다.

게다가 변화한다고 해도 시간과 에너지가 많이 소모될 수밖에 없다. 지금 내 업무도 감당하기 어려운 상태에서 조직의 문제점과 변화에 힘쓸 여유가 있는가? 조직이 변할 것이라는, 특히 내가 원하는 방식으로 변할 것이라는 헛된 기대는 버리는 것이 낫다.

절이 싫으면 중이 떠나면 된다

절이 싫으면 중이 떠나는 것이 편하고 간단하다. 절의 문화나 절차를 바꾸는 것은 매우 어렵고 힘든 과정이다. 그동안의 전통과 과정을 무시하고 변화를 만들어내는 것은 쉬운 일도 아니며 에너지가 너무 많이 소모된다. 배보다도 배꼽이 더 큰 격이다. 서서히 변화하는 조직을 내 구미에 맞도록 바꾸기 위해 고군분투하느니 나에게 맞는 조직에서 새롭게 시작하는 것이 나을 수 있다.

하지만 반드시 떠나라는 말도 아니다. 이 조직에서 보낸 시간과 노력이 있지 않은가? 그렇다면 다른 접근이 필요하다는 것이다. 즉, 내가 이 조직에서 성공하고 싶다면, 조직의 가치와 문화를 존중하고 본인을 조직에 동화시키는 것이 선행되어야 한다. 이후에 차근히 시간을 두고 조직을 건강하게 만드는 노력을 기울이는 것이 적합하다.

즉 절이 싫으면, 중이 떠나면 간단하다. 그런데 이 절이 좋고 애정을 가지고 있다면, 오랜 기간이 걸릴 것이라 각오하고, 장기적 관점에서 단계적으로 변화할 것이라 기대하는 것이 현실적이다. 그 오랜 과정을 견디고 이겨내면 내가 더욱 아끼고 사랑하며 애정을 가지고 일할 수 있는 조직이 될 것이다.

대신 상당한 인내심과 끈기가 필요하다. 오래 걸릴 것이므로!

리더의 행동이 개선되고 조직이 발전하도록 하기 위한 건강한 문제의식을 가지는 것은 좋다. 그리고 그에 대한 개선 노력을 하는 것도 항상 중요하다. 그 자체를 하지 말라는 것이 아니다.

리더나 조직이 단기간 내에 쉽게 변화할 것이라고 기대하지는 말라는 것이다. 진지하게 이런 기내를 가지고 있다면, 아마도 필연적으로 좌절하게 되며, 스트레스만 증가할 수밖에 없다. 결과적으로 리더나 조직에 대한 불평과 불만만 늘어날 것이며, 현재 직장에 대한 만족도과 몰입이 떨어지게 된다.

이는 본인에게도 손해이며, 리더나 조직의 입장에서도 비효율적이다. 변

화하지 않을 것에 대해서 헛된 기대를 함으로써 필요 없이 에너지를 낭비하지 마라! 본인 에너지의 10% 정도만 투자하라. 그리고 나머지 90%의 에너지는 내가 통제하고 변화시킬 수 있는 영역에 집중하는 것이 낫다. 내가 통제하고 변화할 수 있는 영역은 무엇인가? 그게 바로 당신 자신이다! 나 스스로의 적응력과 유연성을 향상해라! 그래서 어떤 상황에서든 내적 동기화, 즉 내가 다룰 수 있는 것에 집중하여 최선을 다하는 연습을 하라. 그것이 더 유익하다.

이와 같은 내적 동기화 연습은 지금 뿐 아니라 나중에도 두고두고 도움된다. 후일 당신이 어떤 조직과 어떤 리더를 만나더라도 스스로 만족을 찾아가면서 일하는 데 도움이 될 수 있을 것이다.

바로 지금, 그리고 여기가 당신의 유연성과 적응력을 훈련할 수 있는 연습장이다. 나 스스로를 동기화하면서 최선을 다해보는 연습을 하기 위한 최적의 장소이다. 그리고 이런 연습은 나의 큰 자산이 된다. 해도 소용없는 불평과 불만을 접고, 바로 연습에 들어가라! 당신 자신을 위해서!!

04
연애와 직장생활의 공통점

헛된
기대는
버리라!

직장 동료와 시간을 많이 보내는가, 아니면 애인이나 가족과 시간을 많이 보내는가? 직장에서 보내는 시간이 월등하게 많으며 더 많은 상호작용이 발생한다. 이 때문에 직장생활에 대해서 많은 공을 들여서 노력하는 것이다.

물론 개인적으로 가장 중요한 대상들은 내 가족이나 연인일 것이다. 하지만 업무적 차원에서는 바로 직장에서 만나는 사람들 및 그들과 만들어가는 직장이다. 이 두 가지는 모두 나에게 소중한 것들이며, 적극적인 관리의 대상이다.

내가 개인적으로 사랑하는 사람과의 관계와 직장생활에는 몇 가지 공통점이 존재한다. 대표적 개인 생활인 연애와 대표적 업무 생활인 직장생활 간에는 다음과 같은 공통점이 있다.

애정을 가질수록 잘 지낸다

연인이란 기본적으로 서로 간에 깊은 애정을 가진 사람들이다. 하지만 그 애정의 강도는 연인마다 다르다. 연인 간의 애정이 깊고 돈독할수록 좋은 시간을 보내며 달달한 연애를 즐긴다. 때로는 갈등이 생기거나 문제가 생기더라도 서로 좋은 마음으로 이해하고자 한다. 또한 해결할 수 없을 것 같은 문제들에 대해서는 열린 마음으로 인정하고 수용한다. 이게 바로 애정이 가득한 연인 사이에서 나타나는 현상이다.

직장생활도 마찬가지이다. 조직이 구성원을 존중하고 소중히 여기며, 구성원도 조직에 대한 로열티를 가지고 있을 때 서로 달달한 시간을 보낼 수 있다. 조직은 기본적인 급여는 물론 다양한 복지와 교육 등을 제공함으로써 애정을 표현한다. 구성원은 자신의 업무에 대한 열정과 책임감, 그리고 성과로 애정을 표현한다. 이런 조직과 구성원은 달달한 연애의 시간을 보낼 수 있다.

그러나 항상 좋은 일이나 관계만 유지될 수는 없다. 업무가 몰려 야근과 밤샘을 할 때도 있고, 스타일이 안 맞는 상사로 인하여 상처를 받기도 한다. 하지만 서로 간의 애정이 충분한 때에는 이마저도 흔쾌히 감당한다. 이게 바로 조직과 직장인의 애정 관계이다.

조직마다 구성원에 대한 애정 표현이 제각각이며, 회사에 대한 구성원의 로열티 수준도 천차만별이다. 그러나 분명한 것은 서로 애정이 있을수록 더 잘하려고 한다는 점이다.

미래를 꿈꾼다

애정이 깊은 관계의 연인은 자연스럽게 미래를 계획하고 꿈꾼다. 애정이 깊어질수록 좀 더 많은 시간을 함께 보내고 싶어 하고 헤어지기 싫어진다. 만나는 빈도도 증가되고 더 많은 것을 공유하고 나눈다. 그리고 그 과정에서 애정은 더욱더 돈독해진다. 그러면서 자연스럽게 (물론 다 그런 것은 아니지만) 결혼을 계획하고, 사랑의 결실인 아이를 가지고 싶어 한다. 이처럼 애정으로 뭉쳐진 사이는 더욱 공고한 관계로 발전하면서 미래를 함께 계획하며 상호 간에 더욱 큰 책임과 애정을 공유한다.

조직과 개인도 마찬가지이다. 조직은 구성원에 대해서 교육과 훈련을 제공해 더욱 우수한 직원으로 성장하기를 바란다. 내부적으로 경력 계획 및 개발을 통해 구성원이 미래를 계획하는 것을 도와주고 책임지고자 한다. 개인도 마찬가지이다. 더 많은 성과물을 내고자 하며, 조직 내에서 발전하고 높은 지위로 승진하여 더욱 큰 기여를 하고자 한다.

즉 조직과 개인 모두 미래에도 함께 성장하고 발전하는 동반자적 역할을 꿈꾼다. 이와 같은 조직의 배려와 개인의 욕구가 서로 일치할 때 그들은 더욱 큰 책임과 애정을 공유하며 동반 성장하게 되는 것이다. 그리고 그런 상호 간의 노력과 실행은 개인과 조직 모두를 성장시키고 발전하게 만든다.

물론 배려가 없는 조직이나 개인의 요구와 조직의 요구가 다른 경우도 있다. 이들은 서로 다른 꿈을 꾸며, 그들 각각의 장래 계획 중 서로의 존재는 빠지게 된다. 이런 경우 조직은 굳이 비싼 비용을 지불하며 구성원의 성장을 지원하지 않으며, 개인은 헤드헌터의 연락만을 기다리게 된다.

헤어지면 된다

연애와 직장생활의 마지막 공통점은 헤어짐이 가능하다는 것이다. 아무리 사랑했던 사이라도 갈등이 심화되고 불만족이 증가하면 애정이 식을 수밖에 없다. 그리고 그에 대한 효과적인 해결이나 대처가 없으면, 결국 헤어지는 것이다.

물론 서로 간에 마음의 상처는 남는다. 하지만 계속 관계를 유지하면서 겪는 고통이 헤어짐으로 인한 아쉬움이나 상실감에 비하여 크다면 헤어지는 것이 맞다. 그리고 서로에게 더 맞는 파트너를 찾아가면 되는 것이다.

조직과 개인의 관계도 마찬가지이다. 조직의 기대만큼 구성원이 성과를 보여주지 못하면 다양한 방법으로 불만을 표현한다. 안 좋은 고과를 받거나 혹은 승진에서 누락될 수도 있다. 그리고 조직이 제공하는 다양한 혜택을 축소하거나 혹은 조직과 애정을 나누는 자에게만 차별적으로 이를 제공한다. 그럼에도 불구하고 해결이 안 되면 헤어지는 과정에 들어간다.

구성원도 마찬가지이다. 조직이 마음에 들지 않고 불만이 쌓여간다면 애정을 나누기 싫다. 업무에 대한 열정과 몰입은 적어지고, 나를 어떻게 평가하는지에 대해서도 관심이 적어진다. 이 과정이 길어지면 소위 "삐딱하게" 행동하게 되고, 결국에는 마음을 접게 된다. 나를 알아주지도 않는 조직에 대해서 군이 매달리기보다는 차라리 헤어지는 것이 본인의 정신건강을 위해서 나을 것이다. 당당하게 헤어짐을 통보하면 된다.

신입사원으로 처음 직장생활을 시작했을 때, 혹은 이직을 하여 새로운 직장에서 새 출발을 다짐했을 때, 당신의 마음은 어떠했는가? 신입사원 때 받는 사령장은 가슴 벅찬 감동과 함께 엄청난 심리적 부담을 동반한다. 과거의 복잡함을 털어내고 새로운 곳으로 이직하여 새로운 출발을 하자고 결심했던 때에는 어떠했는가? 새롭게 새 출발을 하자는 결심과 더불어 다시 실패하면 어쩌나 하는 걱정으로 마음이 복잡했을 것이다.

연인과의 첫 만남을 기억하는가? 그리고 쳐다만 봐도 심장이 박동 치며, 헤어지는 것이 아쉽기만 했던 그 시절을 기억하는가? 반면 내 마음에 설렘을 가져오지만 한편으로는 상처에 대한 두려움도 동반된다. 과연 그 결과는 어떻게 될 것인가? 깊은 애정을 느끼는 더 좋은 연인이 될 것인가, 아니면 또 한 번의 실패와 헤어짐으로 끝날 것인가?

오랫동안 함께 하는 연인이 될 것인지, 아니면 상처가 가득한 이별을 할지는 내가 얼마나 노력하는지에 따라 달라진다. 서로 간에 비난하고 책임을 전가하는 연인들은 반드시 헤어진다. 반면에 내가 혹시 더 노력할 점은 무엇인가를 고민하고, 상대 연인이 마음을 공감하고자 노력한다면 그 연인과의 관계는 오래간다.

조직과 직장생활도 마찬가지이다. 모든 것은 당신 스스로에게 달려 있다. 조직은 변화하기 쉽지 않다. 당신 스스로 어떤 노력을 할지를 고민하고, 조직 내 나의 역할과 책임에 대해서 고려한다면 당신과 조직은 오랫동안 밀월관계를 유지할 수 있다. 내가 어떻게 노력하는지가 그나마 통제하고 관리 가능한 핵심적 요인이다.

05
연애와 직장생활의 다른 점

헛된
기대는
버리라!

당연히 연애와 직장생활은 다르다. 만남의 목적도 다르고, 과정도 다르며, 결과도 다를 것이다.

그럼에도 불구하고 연애와 직장생활의 다른 점을 구체적으로 나열하는 이유는 이를 헷갈려하는 사람들이 있다는 것이다. 도저히 헷갈리기 어려울 것 같은 이 두 관계를 왜 혼돈할까?

그 전형적인 예는 연애를 직장생활처럼 하는 경우이다. 여자 친구가 회사에서 힘든 일에 대해서 호소하는데, 남자 친구가 눈치 없이 '네가 잘못했네! 우리 회사 같으면 네가 욕먹어!'라고 반응해주는 경우이다.

이렇게 대답해주는 순간 본인은 뭐가 잘못되었는지도 모른 채 여자 친구의 구박을 받게 되며, 심한 경우 '헤어져!!'라는 소리를 듣기도 한다. 이에 대해 '왜 그러는데?'라는 질문을 하면, 여자 친구로부터 '그냥 들어주라고!', 혹은 '왜 그런지 모르는 게 너의 문제야!'라는 더욱 어렵고 이해할 수 없는 대답을 듣게 된다.

반면에 그 반대도 있다. 직장 내 사람들과 연인 같은 관계를 맺고 싶어 하고, 그렇지 못한 경우 마음의 상처를 받으면서 서운함을 토로한다. 도대체 직장에서 왜 이런 기대를 하는지도 이해가 되지 않고, 어떻게 대처해야 할지도 모르겠는 이 난감한 상황은 어떻게 해결해야 하는가?

이런 현상들의 주요 원인은 일반적인 대인관계와 같은 사적 관계와 직장 내 관계라는 공적 관계의 차이점을 명확하게 구분하지 못하는데 기인한다. 그럼 이 두 가지는 어떤 점에서 다른가?

정서적 관계 vs 목적적 관계

연인관계로 대표되는 개인적 인간관계는 기본적으로 정서적 관계이다. 반면에 직장생활에서의 관계들은 조직의 이익이라는 목적을 달성하기 위한 2차적 관계이다. 즉, 연인관계는 정서적 교류가 기반인 반면에 직장생활은 목적과 의도가 깔려 있는 것이다.

그런데 각 개인들은 성격이라는 것이 있으며, 그 성격에 따라서 정서적 관계를 선호하는 사람도 있으며 반대로 과제 중심적 관계를 선호하는 사람들도 있다.

정서적 관계를 선호하는 관계중심적 사람들의 경우에는 대인관계를 중시하며, 모든 가치의 중심에 사람이 존재한다. 따라서 타인의 의견을 존중하거나 상대의 요구에 맞춰 주고자 하는 경향이 강한 반면에 사람들 사이에서 상처를 받는 경우도 많다. 이들은 사람들 사이에서 따뜻하고 배려가 많은 사람으로 통한다.

반면에 과제 중심적 관계의 사람들은 사람보다는 일이 중요하며, 원칙과 논리를 중시하는 사람들이다. 따라서 대인관계도 논리적 잣대를 가지고 판단하려는 경향을 보이며, 일이 우선이고 관계는 부수적인 것이라고 생각한다. 이들은 사람들 사이에서 냉정하고 차가운 사람으로 통한다.

과연 이 두 가지 유형 중에 어떤 것이 맞는 것일까?

연애와 같은 정서적 관계에서는 관계중심적인 사람들이 더 잘 기능하는 것처럼 보인다. 연인이나 친구를 잘 공감하고 이해해주며, 사람들 사이에서 강렬한 희로애락을 다 경험한다.

반면 직장생활과 같은 목적적 관계에서는 과제 중심적인 사람들
이 더 잘 기능하는 듯이 보인다. 관계보다는 일이 우선되며, 현재의
목표와 결과가 중요하며 관계는 이를 달성하기 위한 수단으로 생각
하는 경우가 많다.

만약 이와 같은 구분이 헷갈린다면 혼란을 겪게 된다. 즉, 연인관
계에서 과제 중심적인 성향을 보이거나 혹은 직장 내에서 지나치게
관계중심적 성향을 보이게 되면 불필요한 감정적 소모나 갈등을 겪
을 수 있다.

분명한 것은 직장생활은 기본적으로 목적적 관계이며, 그 바탕은
목표를 달성하기 위한 과제/결과 중심 접근이 우선한다는 점이다.

소통 vs 소통

관계의 속성에 따라서 소통의 내용이나 방법도 달라진다. 소통이라
는 측면에서는 동일하나 사뭇 그 내용이나 표현법, 그리고 소통의
과정과 결과도 매우 다르다.

연인과 같은 정서적 관계에서는 상대방의 감정이나 마음을 공감
해주고 이해하는 것이 중요하다. 그런데 감정이나 마음에는 정답이
없다. 상대방이 "here and now" 느끼는 감정이 그냥 진실인 것이다.
그것을 정확하게 인지하고 이를 확인해주는 소통이 필요하다.

반면에 목적적 관계인 직장생활에서는 성과라는 목적을 달성하기

위한 논리적이고 합리적 판단과 그와 관련된 소통이 주가 된다. 각자의 논리를 가지고, 때로는 논쟁을 벌여서라도 정답이나 최적의 대안을 찾아가는 과정이 바로 소통이다.

따라서 이 두 가지 소통은 분위기나 과정이 매우 다를 수밖에 없다.

앞서 논의한 대로 관계중심적 성향이 강한 사람은 감정적 및 정서적 소통에 능하고, 과제 중심적인 성향이 강한 사람은 논리적 및 합리적 소통에 능하다. 따라서 직장 내 소통이라도, 관계중심적인 사람들은 회의나 미팅 시 정서적 배려나 감정적인 표현을 많이 하는 경향이 있다. 또한 과제 중심적인 사람들은 감정을 배려하지 못한 비판이나 차갑고 냉정한 논쟁에 몰두하는 경향을 보인다.

이와 같은 소통 방법의 차이로 인하여 효율적인 대화나 교류가 이루어지지 못하고 서로 감정적으로 상처를 입거나(관계중심적 사람의 경우) 혹은 이해가 안 되는 사람이라고 상대를 평가(과제 중심적 사람의 경우)하고 말수도 있는 것이다.

그럼 어떻게 하라는 것인가? 연인 사이에서는 정서적이고 감정적 소통 만을 하고, 직장에서는 과제 중심적 소통 만을 하는 것이 맞는 걸까? 그렇지 않다.

직장생활이라는 것은 기본적으로 각자의 "감정"을 가진 사람들 사이의 소통이라는 점에서는 공통점이 있다. 따라서 과제 중심적 소통에서도 감정을 고려하고 반영한다면 더욱 강력한 소통이 될 수 있다. 단지 '맞다', 혹은 '틀리다'의 소통이 아닌 '인정', '수용', '공감',

'이해' 등이 동반된다면 훨씬 더 강력한 소통이 가능하다.

기본적으로 감정적 반응은 논리적 접근에 선행한다. 정서적으로 친근하거나 좋은 관계에 있는 사람의 의견이나 주장에 대해서는 긍정적으로 평가할 가능성이 높다. 또한 반감을 가지고 있거나 불편한 관계에 있는 사람의 이야기는 아무리 논리적으로 맞는다고 해도 인정해주기 싫은 법이다.

이와 마찬가지로 친한 사람의 요청은 들어줄 가능성이 높은 반면에 싫어하는 사람의 부탁은 시간이 남아도 해주기 싫은 법이다. 아무리 직장 내 소통이 주로 과제 중심적이며 논리와 합리를 근거로 한다 할지라도, 정서적 부분에 대한 고려가 없다면 효율적으로 이루어지기 어렵다.

즉 직장 내 소통은 각자 개인의 감정적 요소를 고려한 합리와 논리를 바탕으로 한 과제 중심적 소통인 것이다. 감정에 대한 적절한 배려와 반영은 소통을 촉진하고 협력을 증진한다. 반면에 감정이 배제된 소통은 건조하기 이를 데 없는 갈등과 대립을 초래한다.

사랑 vs 성과

연인관계의 궁극적인 목적은 사랑이다. 서로 애정하고 아끼는 사이가 되며, 이로 인한 행복, 즉 정서적 만족감을 느끼는 것이다. 하지만 관계가 진행되고 많은 것을 공유하다 보면 단순히 사랑만으로는 안 된다는 것을 깨닫게 된다.

데이트를 하기 위해서는 돈도 필요하고, 결혼이라도 할라치면 같이 살 집도 구해야 한다. 사랑은 정서적인 속성을 가지지만 물질적인 뒷받침이 없다면 오래 지속되거나 혹은 지속적인 만족을 가져오기 어렵다.

직장생활의 궁극적인 목적은 성과이다. 즉 조직의 목표를 달성하고 이를 통해서 돈을 많이 벌거나 혹은 조직이 요구하는 결과물을 산출해 내는 것이다. 직장생활의 기본 원리는 합심하여 조직의 목표를 달성하고, 그 결과물을 기여도에 따라서 구성원들에게 분배하는 것이다.

하지만 이 과정에서 감정적인 요소들이 개입되게 된다. 조직의 목표를 달성하였을 때 우리는 '성취감'을 경험하며, 이를 함께 이루어 낸 사람들 사이에는 '동료애'라는 것이 생겨나게 된다. 성취감이나 동료애와 같은 감정적 요소들이 강할수록 이후 목표를 달성하는 과정에서의 몰입이나 열정이 달라지게 된다.

> 연인관계의 목적은 사랑이며, 조직의 목적은 성과이다. 하지만 이 두 가지 목적은 달성 과정에서 상호 간의 속성을 공유하게 된다.
> 정서적 속성이 주가 되는 연인관계에서도 마음에 드는 선물이라 할지라도 좀 더 비싸고 좋은 선물이라면 그 만족도가 높아진다. 반면에 목표를 위한 과제 중심적 관계가 주가 되는 직장생활에서도 정서적 교류와 소통

이 동반된다면 더 높은 효율성과 탄탄한 공동체 의식을 얻을 수 있다.

연인관계와 직장생활은 그 속성과 내용이 상당히 다르지만 핵심적인 속

성들이 균형을 이룬다면 더욱 좋을 것이다. 즉 연인관계와 직장생활에 대

한 이분법적 접근을 하고자 하는 것이 아니다. 정서적 교류나 소통에 기

반을 둔 관계중심적 접근과 논리 및 합리적 소통에 기반을 둔 결과 중심적

접근은 어떠한 관계에서도 모두 필요하다.

단, 어디에 방점을 둘 것인가 하는 문제이며, 어떻게 보완적으로 접근할

것인가의 문제이다. 사람들 사이의 관계라면 그 관계가 연인이든, 직장 내

관계이든 이 두 가지 접근의 적절한 통합과 균형이 필요하다. 이를 깨닫는

것이 핵심이다.

함부로
사표를
던지지 마라

Part Two

나의 가장 큰 자산은 '나 자신'이다.

'나'는 나의 가장 중요한 자원이며, 가장 소중한 재산이다. 그리고 나는 나를 세상에 홍보하고 팔아야 하는 나 자신에 대한 세일즈 및 마케팅 전문가여야 한다. 동시에 나를 유지/보수/관리해야 하는 책임자이기도 하다.

한 상품의 세일즈 마케팅 전문가라면, 당연히 자신의 상품에 대하여 정확하고 풍부한 지식을 갖고 있어야 한다. 또한 자기 상품의 장점은 물론 단점과 이를 해결할 수 있는 대안까지도 가져야 한다. 이와 더불어 자신의 상품을 잘 관리하고 아끼고 조심스럽게 정비하고 다루어야 하는 것도 필요하다.

이것이 바로 '나'라는 자원을 가지고 이 세상을 살아가는 직장인들의 자기관리인 것이다.

'나'부터
관리하라!

: 직장인의 자기관리

06
나 자신부터 알자!

나 자신에 대해서 아는 것이 중요하다는 것은 아무리 강조해도 지나침이 없는 명제이다. 그런데 생각보다 스스로에 대해 잘 아는 사람이 많지 않다는 것도 사실이다.

'지금 당장 본인의 강점 3가지와 취약점 3가지를 적어보라! 그리고 3가지 취약점에 대한 개선방안도 생각해 보라.' 이 질문에 대해 술술 답이 나오지 않는다면 당신은 아직 자신에 대해서 명확히 알지 못하고 있는 것이다.

게다가 자신이 기술한 강점과 단점이 정확한지에 관한 문제는 또 다른 문제이다. 실제 교육이나 코칭, 그리고 상담 중에 보면, 본인이 기술한 장단점 중 반 이상은 수정과 보완이 필요한 경우들이 허다하다.

우리는 그만큼 스스로에 대해서 정확하게 인지하지 못하고 있는 것이다. "나"라는 무기를 가지고 이 세상에 맞서 싸우려면 철저한 제품 분석이 먼저 선행되어야 한다. 즉, "나"라는 제품에 대한 분석이 먼저 이루어져야 하는 것이다.

내적 자원 파악하기

가장 먼저 필요한 것은 나의 내적 자원 파악이다. 즉 내가 어떤 자질과 능력을 가지고 있는지를 알아야 한다. 이를 파악하기 위해 다음의 핵심 질문들에 대해 답해 보라. 각 질문에 대하여 3가지씩 답변을 적으면 된다.

| **1** 자신의 경쟁력은 무엇입니까?

① _____ ② _____ ③ _____

| **2** 타인과 차별화되는 나만의 색깔은 무엇입니까?

① _____ ② _____ ③ _____

| **3** 타인들이 나를 떠올리면 어떻게 생각하고 평가할까요?

① _____ ② _____ ③ _____

| **4** 어려움이나 장애에 직면했을 때 어떻게 해결해 나갈 것입니까?

① _____ ② _____ ③ _____

당신의 답변은 어떠하였는가? 4가지 질문 모두에 대해서 정확하게, 근거를 가지고 답변하였는가? 아니면 지금부터 질문들에 대한 답변을 생각하기 시작하였는가?

위에서 언급한 질문의 내용들은 모두 직장생활 및 세상살이를 하는데 밑천이 될 핵심적 자원과 재산들이라는 것을 알 것이다. 만약 이에 대한 정리와 기술이 정확하고 이미 정리가 되어 있다면 좀 더 적극적으로 세상에 대처할 수 있을 것이다. 반면에 이에 대한 정리가 아직 미흡하다면 경쟁사회에서의 전쟁 준비가 제대로 되지 못한 것이라고 볼 수 있다.

환경적 자원 활용하기

실제 사회생활은 혼자서만, 그리고 나 혼자만의 힘과 능력으로 살아가는 것이 아니다. 필요하다면 주변의 협력이나 도움을 받으면서 살게 된다. 누군가에게 의지하고 도움을 받지 않고는 살 수가 없는 것이다.

이와 같이 나 자신을 제외하고, 나를 지원하고 도와줄 수 있는 사람들이나 방법들, 혹은 관련된 자문이나 지원 시스템을 환경적 자원이라 칭한다.

환경적 자원의 대부분은 사람들 간의 네트워크이다. 즉 필요시 나를 도와주거나 지원해 줄 수 있는 제반 네트워크를 파악하고 활용하는 것이 핵심이다. 이와 같은 환경적 자원들을 충분히 확보하고 활용하는 것은 강력한 강점임에 분명하다.

이와 같은 환경적 자원은 업무적 차원과 비업무적 차원으로 구분된다.

업무적 차원에서의 지원그룹은 업무를 수행하는 데 있어서 필수적으로 도움이 되는 사람들이나 관련 정보 시스템이다. 일차적으로는 자연스럽게 관계를 맺게 된 나의 상사, 동료, 그리고 후배들이다.

아무리 독자적인 업무라고 하더라도 조직 내 다른 사람들의 도움을 받거나 교류를 할 수밖에 없다. 비록 1인 기업이라고 하더라도 관청의 도움이나 혹은 협력사와의 관계를 유지해야만 한다. 일단 현재 업무를 수행하는 데 가장 필수적인 관계들이 업무적 차원의 핵심지원그룹인 것이다.

이에 더하여 필요하다면 추가적인 지원그룹을 만들 수 있다. 상시적으로 나와 교류하는 것은 아니지만 관계를 유지한다면 유사시 혹은 현재 업무의 품질을 향상하는데 도움이 되는 환경적 자원이다. 이는 업무와 관련된 전문가 그룹 혹은 관련 네트워크이다. 이들은 당장 필요한 것은 아니지만, 이슈가 발생했을 때 신속히 자문을 하거나 혹은 문제를 해결하는데 매우 유용한 지원그룹이 될 수 있다.

다른 한 가지는 비업무적 차원에서의 지원그룹이다. 이들은 현재의 업무에 직접적으로 관련이 되어 있는 것은 아니지만 나를 유지하고 관리하는데 꼭 필요한 사람들이다. 단적인 예로 '내가 스트레스를 받았을 때 마음을 탁 터놓고 얘기할 수 있는 사람이 있는가?'와 관련된 것이다.

일을 하다 보면 스트레스는 받는 것이며, 이를 풀면 좋지만 못 푼다고 해서 당장 문제가 생기지는 않는다. 하지만 퇴근 후 소주 한잔을 나누며 속마음을 털어놓을 친구가 있다면 그 다음 날 조금이라도 개운하고 편안한 마음으로 출근을 할 수 있을 것이다. 이들과의 관계 속에서 나의 스트레스나 부정적 감정을 신속하고 효과적으로 해소할 수 있으며, 새로운 다짐과 열의를 가지고 다시 시작하는 기회를 가지게 된다.

이것은 결국 나의 성과 향상이나 업무 품질 향상과 관련되기 때문에 직장생활에서 매우 중요한 요소이다. 이와 같은 비업무적 지원그룹으로는 친구를 포함하는 지인들, 그리고 나에게 힘과 용기를 주는 가족 등이 포함된다.

또한 어려움이 있을 때 조언을 받을 수 있는 코치나 상담 선생님도 이 범주에 들어갈 수 있다. 이들은 해결하기 어려운 문제들을 효과적으로 해결하거나, 신속하게 최적의 대안들을 도출하도록 도와줄 수 있다. 아니면 내가 가진 감정적 어려움을 1시간의 상담을 통해서 깔끔하게 정리해 줄 수도 있다.

이처럼 비업무적 차원에서의 지원그룹이 잘 준비되어 있다면, 당신의 성과나 업무 품질을 향상하는데 일조할 수 있다. 그 결과 당신의 삶과 직장생활이 조금 더 만족스럽고 행복할 수 있다.

상시적 자원관리

관리하지 않는 자원은 무용지물이나 다름없다. 자동차로 승부하는 카레이서는 자기 차의 특징과 취약점에 대해 정확히 알고 있어야 하며, 차를 잘 관리하는 정비소를 정기적으로 방문하여 차를 관리해야 한다. 훌륭한 운동선수는 자기 몸에 대한 관리 뿐 아니라 좋은 코치와 몸을 관리해줄 전문가를 알고 활용해야 한다. 그렇지 않다면 필요시, 최적의 성과나 결과를 낼 수 없다.

나 자신이라는 내적 자원과 주변의 환경적 자원도 상시적인 관리를 해서 필요시 활용이 가능하도록 해야 한다. 나 자신에 대한 효과적인 관리가 제대로 이루어지지 않는다면, 정비를 제대로 하지 않은 차나 적절한 훈련을 하지 않은 운동선수처럼 좋은 결과를 얻지 못한다.

우리는 매년 건강검진을 받는다. 나의 신체적 상태에 대해 정기적으로 검진함으로써 잠재적인 문제를 예방하고 문제가 생기는 경우 즉각적인 치료와 개선을 할 수 있다. 마찬가지로 나의 심리적 자원과 능력에 대한 정기적인 평가와 관리도 필요하다.

나의 성향(즉, 성격과 능력)은 특성에 해당하기 때문에 쉽게 변화되지 않는다. 하지만 나의 심리적 상태는 적극적인 관리 대상이다. 즉 내가 집중해서 효율적으로 업무를 수행할 수 있는 심리적 "상태"인가에 대해서는 정기적인 관리가 필요하다.

물론 직장에서의 건강 검진 과정 중 직무 스트레스와 관련된 간편 설문지가 포함되는 경우들도 많다. 하지만 이와 같은 상태 점검은 최소한의 screening을 위한 간단한 수준의 평가인 경우가 많다.

만약 본인이 업무 강도가 높으며 상당히 바빠서 "심리적인 에너지를 많이 소비하는 편"이라고 판단된다면 보다 진지한 심리적 상태에 대한 정기적 검진과 관리가 필요하다. 이는 정기적인 스트레스 진단 설문이나 EAPI(Employee Assistance Program Inventory) 등과 같은 전문적인 평가도구들을 활용하면 된다.

또한 특성과 관련된 부분들에 대해서는 2-3년에 한 번씩 MBTI 등과 같은 성격검사들을 받는 것이 유용하다. 왜냐하면 성격, 즉 일하는 스타일도 변화하기 때문이다. 만약 최근 스트레스가 심화되거나 우울감 혹은 불안감 등 심리적 어려움이 극심해졌다고 생각된다면, MMPI(다면적 인성검사) 등과 같은 보다 전문적인 심리검사를 받거나 전문가와의 상담을 받아보는 것이 반드시 필요하다.

환경적 네트워크를 관리하는 방법은 천차만별이고 정답이 없다. 원론적 차원에서는 잦은 만남을 가지고 일상적인 관계를 지속적으로 유지하는 것이 정답이다. 하지만 사람의 성향에 따라서 이를 선호하는 사람도 있고 원하지 않는 경우도 있기 때문에 일률적으로 이를 적용하기는 어렵다.

특히 네트워크 관리는 성격과 비교적 밀접하게 연관되어 있다. 일반적으로 외향적 성격의 사람들은 워낙 대인관계의 폭이 넓은 편이며, 다양한 사람들과 새로운 관계를 형성하는 것을 선호한다. 반면에 내향적 성격의 사람들은 소수의 대상들과 친밀한 관계를 선호하며 새로운 관계 형성이나 관리에 대한 동기도 낮은 편이다.

그렇다면 외향형 사람들이 항상 네트워크 관리를 잘하는가? 반드시 그런 것도 아니다. 그들은 관계의 폭이 넓은 반면에 관계의 깊이나 정교한 관리가 제대로 되지 않는 경우가 많다. 따라서 "그냥" 사람을 사귀기보다는 목적적인 차원에서의 분류나 관리를 해보는 것이 도움된다.

반면에 내향적 사람들의 경우에는 워낙 관계에 대한 동기나 관심 자체가 적을 가능성이 높기 때문에 자발적으로 관계를 확대하는 것을 기대하기 어려운 경우가 많다. 이런 경우 시스템적 접근을 하는 것이 좋다. 즉, 관련 학회 전문가 모임이나 학술모임 등과 같은 의도

와 목적이 있는 모임을 만들어서 정기적으로 참여하는 정도의 관리
가 현실적인 타협안이다. 그 정도라도 관리하는 것이 필요하다.

만약 당신이 자동차를 구입하고 싶어서 대리점에 방문하였다고 가정해보
자. 당신은 어떤 영업사원을 신뢰하고 차를 구입하겠는가?
차의 장단점에 대해서 정확하게 기술하고, 취약점에 대해서도 솔직하게
인정하는 대신에 그 대안에 대해서도 잘 기술할 수 있는 영업사원을 신뢰
할 것이다. 만약에 차의 특징이나 장단점을 제대로 기술하지도 못할 뿐 아
니라 이미 기사에도 났던 취약점마저도 어설픈 변명으로만 대응하는 영
업사원에 대해 신뢰할 수 있겠는가? 그에 더하여 깔끔한 복장에 환한 웃
음으로 고객을 대하는 영업사원과 지저분하고 단정하지 옷차림을 하고
있어 보기에도 기분이 안 좋아지는 영업사원 중 어떤 영업사원의 말을 신
뢰할 것인가?
당신은 "나"라는 상품을 가지고 영업하는 "나 자신에 대한 영업 사원"이
다. 나 자신에 대한 영업사원이라면 "나"라는 상품에 대해서 잘 알고 있어
야 할 뿐 아니라 최적의 상태로 유지하고 관리해야 하는 책임이 있는 것이
다. 이와 같이 상품에 대한 풍부한 지식과 적절한 관리가 이루어질 때 가
장 높은 가치를 받는 상품으로써 대우받을 수 있는 것이다.
높은 가치로 "나"를 인정받고 싶다면 정확한 상품 분석과 더불어 상품을
최적의 상태로 유지하기 위한 제반 노력들이 필요하다. 이것은 직장생활
의 기본 덕목이며, 가장 든든한 밑거름이 된다. 그래서 "나"를 우선적으로
관리하고, "나"에 대해서 아는 것이 가장 첫 번째 단계이다.

07
나의 아킬레스건을 파악하라

우리가 세상을 살면서 실패나 좌절을 겪는 이유는 성공하지 못해서가 아닌 경우도 흔하다. 이보다는 어려움이나 위기의 순간을 제대로 극복하거나 대처하지 못해서인 경우가 더 많다.

사람이 사는 과정에서 누구나 다 위기와 어려움을 겪게 된다. 그리고 이를 이겨내는 것은 항상 중요하다. 만약 이와 같은 위기와 어려움을 극복하고 해결하지 못한다면 영광과 성공의 순간은 오지 않는다.

운동선수들은 종종 너무 지치고 힘들어서, 혹은 생각만큼 기록이 나오지 않아 깊은 슬럼프를 겪게 된다. 그리고 이를 이겨내지 못하면 결국 좋은 선수가 될 수 없다.

많은 기업들의 경우에도 사업이 성공하고 지속적인 성장을 하는 것도 중요하지만 Risk Management도 필수적이다. 만약 위기에 적절하게 대응하지 못한다면, 생각지도 않은 이유로 '한방에 훅 가는' 경우들을 자주 보게 된다.

직장생활도 마찬가지이다. 잠재적으로 있을 수 있는 위기를 예측하고 이에 대해서 효과적으로 대응하고 해결하는 것도 매우 중요하다. 즉, 자신의 취약점을 제대로 파악하고 이를 효과적으로 관리하는 것이 중요하다.

어떤 사람들은 '자신이 충분히 인정받는 것'을 최고의 가치로 여긴다. 그런데 칭찬에 인색한 상사나 혹은 엄격한 비판을 통해 직원을 관리하는 리더를 만나면 내적인 열정이 사라져 버린다. 또한 적절한 대우와 보상을 중시하는 사람은 급여가 낮은 회사에서는 절대로 만족하지 못하게 된다. 최근에는 개인생활 상 '워라밸'을 중시하는 직장인들이 많다. 이런 사람들의 경우 야근이나 간혹 하게 되는 휴일이나 주말 근무로 인해서 극심한 스트레스를 받게 된다.

직장인의 경우, 장점을 기반으로 한 성공이 물론 중요하다. 하지만 그만큼 자신의 아킬레스건을 파악하고 이에 대한 적극적인 대응을 하는 것도 중요하다. 자신의 아킬레스건을 파악하고 이에 적극적으로 대처하고 준비하는 것도 성공 요소만큼 중요하다.

나의 아킬레스건은 무엇인가?

누구에게나 다 취약점이라는 것이 있다. 성장 배경이든 개인적인 경험이든지 간에 나의 열정과 동기를 감소시키거나, 혹은 화와 분노를 촉발하는 요인들이 있는 법이다. 이런 상황에서는 충분히 긍정적인 성과를 보이지 못하고, 본인의 능력에 대한 저평가가 일어나기 쉽다.

이와 같은 자신의 아킬레스건에 대해 정확히 파악하고 있어야 하며, 가능하면 이를 피해야 할 뿐 아니라 장기적으로는 아킬레스건과 관련된 나의 내적 감정에 대한 개선과 해결이 필요하다. 나의 아킬레스 건을 파악하기 위해 다음의 질문에 대답해 보라.

■ 다음의 예 중에 가장 싫은 혹은 참기 힘든 상황부터 우선순위에 따라 ① ~ ⑤ 를 매겨보시오.

| **상황 1** 내가 노력한 바에 대해서 충분히 인정해주지 않는 경우

| **상황 2** 내가 투자한 노력에 비하여 충분한 급여나 보상을 받지 못하는 경우

| **상황 3** 나에 대한 충분한 신뢰와 존중 없이 대하는 경우

| **상황 4** 야근이나 과도한 업무로 자신의 개인생활이 침해받는 경우

| **상황 5** 나보다 무능한 상사나 동료들과 함께 일해야 하는 경우

당신의 아킬레스건 우선순위는 무엇인가? 어떤 것을 가장 힘들어하고 참지 못하겠는가? 위에 언급한 여러 가지 상황들은 우리가 직장에서 흔히 겪을 수 있는 스트레스나 갈등 상황의 예이다.

그런데 그중에서도 강한 부정적 감정이 들거나 혹은 퇴사 등과 같은 극단적 선택을 하는 것은 개인적인 아킬레스건과 관련되어 있는 경우가 많다. 그래서 본인의 취약점에 대해서 정확하게 인지하고 있는 것이 필수인 것이다.

약점으로 인한 부정적 결과들

아킬레스건은 다양한 부정적인 결과를 가져온다. 한 개인의 감정적 차원에서의 문제는 물론 사회적 관계 상에서도 여러 가지 문제를 불러일으킨다.

그 첫 번째는 강한 부정적 감정 반응이다

자신의 아킬레스건이 건드려지는 경우, 일상적인 갈등 상황보다 훨씬 강한 부정적인 감정들을 경험하게 된다. 가장 흔하게는 분노감을 경험하게 된다. 다른 갈등이나 문제들에 대해서는 그나마 참을만하거나 혹은 시간이 지나면 해결되는 경우가 많으나, 아킬레스건이 자극되는 경우에는 강한 분노감이 치밀어 올라 참기 힘들어질 정도인 경우가 많다.

또 다른 감정적 반응은 자존감의 저하이다. 소위 '자존심이 상한다'고 표현하는데, 이와 같은 자기존중감의 저하는 더욱 심각한 내적 자아의 손상을 가져온다. 그렇게까지 스스로를 해치지 않아도 되는 일임에도 불구하고 자조적 생각이나 부정적인 생각이 많이 들어 자기존중감이 상처 받게 되는데, 이로 인해 다른 파생적인 문제들이 발생하게 된다.

두 번째 부정적 결과는 업무 효율성의 저하이다

내적으로 강한 분노감을 가지고 있거나 혹은 자기존중감이 저하되는 경우, 업무에 대한 집중력과 효율성이 떨어질 수밖에 없다. 따라서 이전에 비하여 업무를 잘 수행해내지 못하게 되며, 이는 스스로에 대한 부정적 평가를 더욱 심화시키게 된다.

간단히 말해, 일하기 싫어진다. 마음이 편하지 않은데, 어찌 일을 열심히 하고 잘하겠는가? 어찌 보면 너무도 당연한 결과이다. 어찌 되었건 조직이란 성과로 말하는 곳인데 일을 잘하지 못하고 성과를 만들어 내지 못하면 부정적인 평가를 받는 것은 당연하다.

세 번째 부정적 결과는 타인들의 부정적 평가와 반응이다

내적인 감정이 편안하지 않고 업무에 대한 집중력도 떨어지는 상황에서 타인들과의 관계만 긍정적이기는 어렵다. 타인들로부터 '요즘 무슨 일 있어?'라는 걱정스러운 얘기를 듣기도 하며, '요즘 왜 그래?' 라는 질책을 받기도 한다.

어떤 경우라도 타인들로부터 부정적인 평가를 받게 되며, 이런 상태가 장기화되는 경우에는 부정적 평가가 굳어지는 결과가 나올 수도 있다. 이와 같은 타인들의 부정적 평가나 반응은 궁극적으로 나의 상태를 개선하는데 도움되지 못하고 오히려 본인의 감정이나 상황을 더욱 악화시킬 가능성이 높다.

약점을 개선하고자 하는 노력은 필요하다

그럼 이와 같은 아킬레스건을 어떻게 대처해야 할까? 과연 해결은 가능할까?

보통 이와 같은 아킬레스건이 생기는 이유는 성장과정이나 과거 경험들의 산출물인 경우가 많다. 어린 시절 부모의 양육태도나 강조하던 원칙들이 내재화되거나 혹은 초기 직장생활에서의 경험 등이 영향을 미친 경우가 많다.

그럼 아킬레스건을 해결하기 위해서 나에게 큰 영향을 미쳤던 그들을 찾아가서 따지면 될까? 아무런 소용없는 짓일 것이다. 부모에게 '왜 저를 이렇게 낳아주었어요?' 혹은 '왜 저를 이렇게 길러주신 거예요?'라고 따져본다면, 오히려 두세 배로 더 많은 욕을 먹게 될 것이다.

그렇다고 내 아킬레스건을 그대로 방치하는 것도 문제이다. 나의 아킬레스건으로 인해 생기는 문제들을 파악하고 이를 개선하고자 하는 적극적인 행동이 필요하다.

만약 몸이 아프거나 혹은 신체적으로 취약한 영역에 대해서 어떻게 대처하는가? 우선은 명확하게 진단과 평가를 받아 그 원인과 현상을 파악하는 것이 중요하다. 그리고 난 후 처방에 따라서 치료약을 복용함과 동시에 필요하면 수술을 하는 등 적극적인 치료와 개선을 시도해야 한다. 또한 이와 병행하여 건강한 습관을 들이고자 하는 꾸준한 노력을 통해서 전반적인 신체적 상태를 좋게 유지하는 것도 필요하다.

이와 같은 방법을 자신의 아킬레스건에도 도입을 하는 것이 필요하다.

우선, 자신의 아킬레스건으로 인한 문제점들과 부정적 결과들을 정확하게 리뷰하는 것이 필요하며, 동시에 그 원인에 대해 파악하는 것이 필요하다. 정확한 원인에 대해 파악함으로써, 이와 같은 현상이 언제부터, 그리고 어떻게 시작되었는지를 알 수 있다. 그리고 난 후 현재의 문제점과 부정적인 결과들을 리뷰함으로써 개선과 치료에 대한 동기를 얻게 되며, 어떤 방향으로 이를 치유할지에 대해 결정할 수 있다.

두 번째는 현재의 문제와 이슈를 개선하기 위한 구체적이고 현실적인 노력을 하는 것이다. 아킬레스건이라는 것은 결국 감정적으로 얽혀 있는 내 마음의 응어리인 경우가 많다. 이와 같은 문제들에 대한 감정적 해결을 함과 동시에 보다 건강하고 합리적인 대안을 적용하는 것이다.

예를 들어, 여러모로 미약했던 어린 시절 자존감이 심하게 상했던 기억은 지금도 응어리로 남아 나의 행동에 영향을 미치기도 한다. 이런 부정적인 감정의 응어리는 감정적인 표출과 해소를 통해서 해결해야 한다. 이와 더불어 이제는 당당할 수 있고 유능해진 자신의 현재 모습을 바탕으로 건강한 자기존중감을 새롭게 형성하는 것이 병행되는 것이 좋다. 감정의 응어리를 극복하고 새로운 자존감에 기반하여 당당하게 생활하는 것이 필요하다.

> 누구나 다 아픈 기억이 있으며 감정의 응어리를 가지고 있는 법이다. 상담이나 심리치료, 혹은 코칭 과정에서도 좀 더 심도 있는 논의가 진행되면 자연스럽게 현재의 자기 모습 이면에 있는 과거의 아픈 경험들을 얘기하는 경우가 흔하다.

어떤 경우에는 예민했던 사춘기 시절의 일을 눈물로 얘기하는 경우도 있고, 다른 경우에는 첫 직장에서의 힘들었던 경험과 관련된 분노를 표현하는 경우도 있다. 이와 같은 개인적 아픔과 그로 인한 감정의 응어리들은 적절히 해결되지 않으면 지금의 나에게도 악영향을 미치면서 나의 아킬레스건으로 작용하게 된다. 짧게는 십 년, 그리고 길게는 몇십 년 동안 마음의 아픔을 품고 있는 모습을 보면 안쓰럽기도 하고 안타깝기 그지없다.

물론 치료가 안 되는 불치병이라는 것도 있지만 마음의 아픔이나 병은 기질적인 문제가 아니라면 대부분은 적절한 치료와 상담, 혹은 코칭 등을 통해 해결될 수 있다. 특히 과거의 감정적인 문제들이나 그로 인한 현재의 취약점들은 적절한 치유와 힐링을 통해서 분명히 개선되고 나아진다.

단, 치유와 힐링을 시작하기 위한 용기가 필요하며, 그 과정을 견디어 낼 수 있는 인내력이 있으면 된다. 이런 스스로의 용단과 노력을 통해서 나의 아킬레스건을 해결한다면 보다 행복하고 만족스러운 삶을 영위할 수 있는 것이다.

지금 당장 용기를 내어 시작하면 된다. 그리고 조금만 더 버티고 인내하면 당신에게 더 큰 행복이 찾아올 것이다.

08
내 안의 열정을 찾아내라

'나'부터
관리하라!

사람이 참 묘한 존재인 것이, 본인이 좋아하고 즐거우면 누가 뭐라고 안 해도 스스로 열정을 가지고 최선을 다한다. 반면 맘에 안 들고 기분이 상해 버리면?! 아무리 유능한 사람도 대충 일하면서 투덜대기 마련이다.

같은 야근이라 해도 재미로 가득하던 때의 야근은 열정을 상징하며, 야근 후 늦은 시간 나누었던 맥주 한잔의 시원함을 기억한다. 반면 열정이 식었을 때의 야근은 고통과 스트레스의 원천일 뿐이다.

사람이라는 것이 그렇게 까탈스럽고 다루기 어려운 존재인 것이다. 당신은 현재 자신의 위치나 역할에 대해서 충분히 만족하면서 열정을 가지고 임하고 있는가? 아니면 이것저것 마음에 안 드는 것들 투성이의 상황에서 마지못해 일하고 있는가?

당신의 현재 시간을 어떻게 보낼 것인가? 앞으로의 다가올 소중한 일 년, 삼 년, 아니면 오 년을 열정적으로 임할 것인가, 아니면 대충 때우면서 보낼 것인가?

이런 이유로 스스로 자신의 열정을 찾아내어 불태우는 것이 필요하다.

내가 살아가는 이유

보통 바쁜 일상을 지내다 보면 '내가 왜 사는지?', 혹은 '무엇을 위해' 현재의 삶을 감내하는지 등과 같은 근본적인 이슈에 대해 잊고 살 때가 많다. 혹은 이와 같은 질문이 아주 낯설고 한 번도 생각해 보지 않았던 경우들도 종종 보게 된다.

내가 살아가는 진정한 이유는 무엇인가? 이에 대한 해답을 찾는 것이 가장 먼저 이루어져야 한다. 왜냐하면 '내가 살아가는 이유'가 바로 나를 움직이게 하는 원동력이며, 내 열정의 근원이 되기 때문이다. 이를 찾기 위해 다음의 질문들에 답해 보라.

| **1** 만약 내가 돈이 무한정 많다면 하고 싶은 일은?

① _____ ② _____ ③ _____

| **2** 내 인생의 목표는?

① _____ ② _____ ③ _____

| **3** 내가 행복하려면?

조건 ① _____ 조건 ② _____ 조건 ③ _____

작성을 해본 소감은 무엇인가? 위의 질문들에 모두 답을 할 수 있었는가, 아니면 다 채우지 못했는가?

만약 답변을 모두 채우지 못했다면, 내가 진정 원하는 것에 대해 충분한 고민이 없었거나 혹은 삶의 방향 자체가 불명확할 가능성이 높다. 이런 경우 위기의 순간이나 선택의 시기가 올 경우 잘못된 방향으로 결정을 내릴 가능성이 높다.

만약 모두 답을 한 경우, 답변의 내용들을 살펴보면 본인이 원하는 바에 대한 시사점을 얻게 된다. '사랑', '돈(경제적 보상)', '명예', '성공(사회적 인정)', '즐거움', '더불어 살아가기' 등 다양한 내용으로 정리될 수 있을 것이다.

이것이 바로 당신이 가장 소중하게 생각하는 "가치"이며, 나를 움직이는 원동력이다.

내가 직장생활을 하는 이유

직장생활이란 내 삶의 일부일 뿐이지 전체는 아니다.

나의 인생 목표를 달성하기 위해 필요한 경제적 재화를 얻는 수단이며 과정일 뿐이다. 하지만 혹자에게는 직장생활의 결과들이 삶의 중요한 가치인 경우도 있다. 특히 '돈(경제적 보상)'과 '성공(사회적 인정)'을 중요한 가치로 생각하는 경우가 그렇다.

나의 인생 목표에 따라서 직장생활에 임하는 과정이나 열정 수준이 다를 수밖에 없다. '돈'이나 업적을 통한 '성공'이 인생 목표인 경우에는 직장생활에 열정적으로 몰입할 것이다. 하지만 만약 '가족'이나 '개인생활 보장과 확보'가 목표인 경우는 지금의 직장은 과정과 수단일 뿐이다.

어찌 되었건 간에 내가 직장생활을 하는 구체적이고 현실적인 이유에 대한 정리는 필요하다.

직장생활은 나름대로의 목적적인 삶이며, 뚜렷한 기대와 요구가 있는 것이다. 그럼에도 불구하고 이를 스스로 인지하지 못하고 있는 경우도 많다. 이런 경우 직업 선택이나 직장 선택 시 원칙이 없이 혼란을 경험하거나 잘못된 선택을 할 가능성이 높다.

내가 직장생활을 하는 이유에 대해서 정리해 보기 위해 다음의 질문들에 대하여 대답해 보자.

| 1 내가 돈을 버는 이유는?

① _____ ② _____ ③ _____

| 2 직장에서 나의 목표는?

① _____ ② _____ ③ _____

| 3 직장에서 내가 행복하려면?

조건 ① _____ 조건 ② _____ 조건 ③ _____

직장생활을 하는 이유에 대해 정리해 본 소감은 무엇인가? 잘 정리가 되었는가, 아니면 이 또한 답변이 어려웠는가?

이를 정리하는 과정 자체가 지금까지의 직장생활을 리뷰하고 직장생활에서의 앞으로 방향을 설정하는데 도움될 것이다. 또한 과거 방황했던 시절, 왜 그랬는지에 대한 통찰을 얻을 수도 있으며, 현재의 직장에서 만족 요인들을 다시금 정리하는 계기가 될 것이다.

그리고 앞으로 내가 더 행복하고 즐거운 직장생활을 하기 위해 미래 방향을 어떻게 설정해야 할지에 관한 해답을 얻을 수도 있다. 이에 더불어 앞으로 겪을 수 있는 잠재적인 문제점이나 갈등요인에 대하여 미리 대비할 수도 있다.

스스로의 선택을 책임지고 감당하라

나의 인생이 앞으로 몇 년이나 남았는지에 대해 정확히 예상할 수 있는 사람은 아무도 없다. 그러나 남은 인생에 대하여 어떻게 살고 싶은지에 관한 바람과 희망은 있을 것이다.

과연 내가 진정으로 원하고 바라는 길은 무엇인가? 현실에 대한 투덜거림과 불만족한 생활인가, 아니면 어떤 상황에서든 최선을 다해서 열정적으로 살아가는 것인가?

그것은 바로 당신 스스로가 선택하는 것이다. 어떤 선택을 하고 어떻게 살아가는지에 따라 달라지는 것이다.

직장생활은 더욱 그러하다. 언제까지 직장생활을 하게 될지는 모르지만 그 과정에서 충분한 몰입과 열정에 기반하여 나만의 작품을 만들 것인가, 아니면 스트레스와 불만 속에서 살아갈 것인가? 이것도 본인 스스로 선택하고 결정하는 것이다.

혹시 지금 다니고 있는 회사에 억지로 입사한 사람이 있는가? 당연히 없을 것이다. 스스로 이 선택이 가장 좋은 선택이고 최적의 대안이라고 생각하여 결정했다. 또한 스스로 많은 노력과 에너지를 투자하여 현재의 자리에 있는 것이다.

물론 잘못된 결정일 수도 있다. 그런데 잘못된 결정인지 아닌지를 결정하기 위해서는 감정적 판단이 아니라 냉정하고 객관적인 판단이 필요하다. 지금의 선택이 잘못된 것인지를 판단하기 위해서는 엄정하고 객관적인 판단과 검증을 해보아야 한다.

그런 과정이 충분히 이루어지지 않은 상태라고 하면 지금의 판단이 최선이라고 생각하고 노력하는 것이 낫지 않을까?! 감정적으로 잘못된 판단이라고 생각하는 순간 현재의 상황 및 조직에 대한 부정적 생각들이 늘어나고 결국에는 내적인 열정과 몰입이 감소하게 된다. 이는 다시 본인에게 부정적 효과가 되돌아오는 악순환이 시작되게 된다.

이런 악순환에 우선하여 본인 스스로 현재의 상황을 객관적으로 판단하였는지, 그리고 자신의 선택에 대해 충분히 책임지고 노력했는지부터 검증하라. 신중했던 나의 선택에 대하여 책임지고 감당하고자 하는 노력이 우선될 필요가 있다.

내적인 열정을 가지는 가장 좋은 방법은 좋아하는 일을 만족해 하면서 하는 것이다. 그때 가장 좋은 결과를 보이게 된다.

그런데 어찌 좋은 일만 할 수 있겠는가? 어쩔 수 없는 사정이나 현실적 문제들로 인해 우리는 최선의 선택을 하지 못할 수도 있다. 그런 경우라면 어떻게 해야 하는가? 현재의 불만족에 초점을 두고 좌절과 실망을 반복할 것인가, 아니면 현재에 기반하여 새로운 각오와 도전을 시작할 것인가?

스스로 현재 하고 있는 일에 적절한 의미를 부여해서 좋아하는 일로 만드는 것이 더욱 현실적이다. 처음부터 이 일을 좋아해서 하는 사람이 어디 있는가? 조직에 대한 로열티를 처음부터 가지고 있는 사람이 누가 있던가? 현실이란, 경험해 보지 않은 상태에서 했던 나름대로의 기대와는 다른 법이다. 내가 꿈꾸던 일과 현실은 다른 법이며, 조직 생활이란 것도 기대했던 바와는 다른 경우가 많다. 나의 기대와 현실을 조율해 가는 과정은 필수적이다.

최선을 다해서 올바른 선택을 하도록 노력한 후, 어떤 선택이든지 본인의 선택에 책임지고 감당하고자 하는 노력이 우선되어야 한다. 이러한 노력이 내적인 열정을 부르며, 일에 대한 몰입을 일으킨다. 그리고 난 후에도 아니라는 생각이 들면 그때에는 깨끗이 포기하고 다른 선택을 위해 노력하라.

단, 이 판단은 적어도 전문가와 함께 하는 객관적인 판단과 조언 정도는 병행될 필요가 있다. 그 정도의 신중함은 갖추어야 한다. 이 모든 과정들이 당신 스스로의 행복과 성취, 그리고 만족을 위해서이다. 다른 누군가를 위해서가 아니라, 당신 스스로를 위한 것이라는 점을 기억하라.

09
아프다면 치유하라

'나'부터
관리하라!

'아프니까 청춘이다'라는 책이 한참 유행한 적이 있다. 이 제목 만으로도 청춘들은 위로받고 힘을 얻는다.

청춘이니 아픈 것은 당연하다는 얘기에 '나는 왜 그럴까?', '무엇이 문제일까?'라고 고민하던 마음이 위로받는다. 그리고 현재의 고통과 어려움도 하나의 과정으로 느껴지며 이것을 넘어섰을 때의 미래를 보게 된다. 이를 통해 현재를 견디는 힘을 얻게 되며, 다시금 새로운 시작을 하게 된다.

하지만 아픈 것은 아픈 것이다. 단순한 위로나 격려로 끝날 문제는 아니다.

가벼운 아픔이라면 시간이 경과하면서 치유되기도 하고, 아팠는지도 모르게 지나가는 경우도 있다. 그런데 아픔이 컸거나 심각했다면 진지한 치유와 개선이 필요하다. 스스로에 대한 깊이 있는 고민 과정도 어떤 경우에는 깊은 상처를 남기기도 한다.

우리가 직장생활을 하면서 겪는 갈등이나 문제들도 아픔을 남기고 간다. 이러한 아픔과 상처에 대해서 적극적으로 치유하고 해결해야 후유증이 안 생기고 다시금 건강한 삶을 찾아갈 수 있는 것이다.

마음의 아픔은 보이지 않는다

만약 당신이 강남역 1번 출구 앞에 서 있다고 가정해 보자. 당신 앞을 100명의 사람이 지나간다고 치자. "100명 중 신체적인 문제/어려움/고통을 경험하고 있는 사람은 몇 명이나 될까?"

물론 신체적 문제에 대한 정의에 따라 달라지겠지만, 그중 상당수는 신체적인 어려움이나 고통을 겪고 있을 것이다. 같은 방식으로 다른 질문에 대답해 보라. 만약 당신 앞에 100명이 지나간다고 하면, "100명 중 심리적인 문제/어려움/고통을 경험하고 있는 사람은 몇 명이나 될까?"

이 질문에 대한 정답도 정해져 있지는 않지만, 신체적인 문제를 가진 사람들이 분명히 있는 것과 마찬가지로 심리적인 문제/어려움/고통을 겪고 있는 사람들도 많이 있을 것이다.

이와 같은 질문을 하는 이유는 다른 곳에 있다. 강남역 1번 출구 앞에서 지나가는 사람들 중에 신체적인 문제가 있는 사람을 골라내는 것이 어려울까, 아니면 심리적인 문제가 있는 사람을 골라내는 것이 더 어려울까? 당연히 심리적인 문제나 어려움을 경험하는 사람들 선별하는 것이 더욱 어려울 것이다.

왜냐하면 심리적인 아픔이나 문제들은 눈에 보이지 않기 때문이다. 신체적인 문제들의 경우에는 피검사나 소변검사 등 다양한 검사들을 통해 확인 가능한 방법으로 양적 검증과 평가가 가능하다. 반면에 심리적인 아픔이나 문제들은 평가 자체가 애매할 뿐 아니라 평가 방법에 대한 신뢰도 부족하며, 심지어는 심리검사를 아예 믿지 않는 경우도 흔하다. 신체 건강만큼이나 마음의 건강도 중요하다는 것을 모두 머리로는 알고 있다. 그러나 실제로는 눈에 보이지 않는다는 이유로 인해 신체적 문제만큼 적극적으로 관리하지 않는 것도 현실이다.

몸을 과도하게 사용할 수밖에 없는 운동선수는 식단부터 시작해서 운동량이나 훈련방법에 대해 체계적으로 관리를 한다. 그리고 몸에 조금이라도 문제가 생기는 경우 즉각적인 치료적 개입을 시작한다. 하루 종일 마음(??!!)을 사용해야 하는 직장인들은 어떨까? 그들도 마음에 대한 적극적인 관리가 필요하지 않을까? 그리고 문제가 생긴다면 즉각적으로 개입하고 해결해야 하지 않을까?

과도한 업무나 많은 사람들과의 업무 관계에서 많은 긴장이나 갈등을 경험하게 된다. 그 과정에서 마음의 어려움을 경험하기도 하며, 때로는 돌이킬 수도 없는 상처를 입기도 한다. 이와 같은 직장인들의 마음의 상처도 즉각적인 치유와 힐링이 필요하다. 그래야만 건강한 마음을 가지고 행복하게 일할 수 있는 것이다. 다만 마음은 눈에 안 보이기 때문에 마음의 상처와 아픔을 인지하지 못할 뿐이다.

마음의 아픔도 치유가 필요하다

만약 몸에 난 상처를 적절하게 치료하지 않는다면 어떻게 되겠는가? 상처가 곪거나 썩을 수도 있다. 상처를 방치할수록 문제는 더욱 심해져 상처 부위를 잘라내거나 심각한 신체적 손상을 입을 수도 있다. 그리고 상처가 심한 경우에는 치유가 잘 된다고 하더라도 흉터라는 것이 남는다. 그래서 신체적 문제에 대한 적극적이고 빠른 개입이 필요한 것이다.

마음의 문제도 마찬가지이다. 직장생활의 특성 상 마음의 아픔이나 상처, 스트레스가 없을 수는 없다. 그리고 이런 문제들은 필연적으로 마음을 지치게 하고 상처를 준다. 만약 이와 같은 상처들에 대한 적절한 치료가 병행되지 않는다면 마음의 병이 깊어진다.

상사로부터 심한 질책을 받는 경우, 충분히 노력을 했음에도 불구하고 낮은 고과를 받은 경우, 모두 마음의 아픔으로 남게 되고 치유의 대상이 되는 것이다. 고객 응대 과정에서 진상 고객에게 크게 당한 직원은 마음 깊은 상처를 입게 된다. 그 상처를 그대로 놔두는 경우 결국 깊은 흉터로 남게 되며 퇴사 등과 같은 극단적인 선택을 하기도 한다.

이처럼 마음의 문제도 적극적이고 시의적절한 치유와 해결이 필요하다. 그렇지 않으면 마음의 병으로 인해 자신의 능력을 최대한 발휘하지 못하는 문제가 생길 수밖에 없는 것이다. 지치고 힘든 마음으로 인하여 내적으로는 스트레스와 부정적인 감정들이 가득하게 된다.

또한 이전에 비하여 업무 효율성이 떨어짐과 동시에 적절한 인정과 칭찬도 멀어진다. 스스로에 대한 자기존중감이 떨어지면서 주변 타인들에 대한 신뢰나 믿음도 저하된다. 이렇게 다치고 힘든 마음으로 어떻게 업무를 잘 수행할 수 있겠는가? 적극적인 치료와 해결이 필요하다!!

마음 치유를 위한 3가지 비법

마음을 치유하기 위한 기본 원리는 상당히 간단하다. 내 마음이 다치지 않고 건강한 상태를 유지하거나 혹은 다친 마음을 잘 치유하기 위한 가장 기본적인 방법 3가지는 다음과 같다.

첫째, 내 마음의 상태에 대해 항상 민감해야 한다

조금이라도 몸이 아프면 바로 병원을 찾는 사람은 중병에 덜 걸리게 된다. 왜냐하면 빠른 대응과 신속한 치료가 가능하기 때문이다. 마음도 마찬가지이다. 내 마음의 상태에 항상 민감해져 있는 것이 필요하다. 마음의 상태에 민감한 사람은 마음에 상처가 생겼을 때 바로 조치를 할 수 있다. 그래서 상처가 심해지거나 다친 채로 방치되는 것을 방지하게 된다.

둘째, 부정적인 감정을 신속하게 처리하고 해결하는 것이다

다친 곳에 약 바르고 붕대를 감싸는 작업이 필요한 것이다. 그것도 다친 다음 신속하고 빠르게 치료할수록 그 후유증이나 문제가 적어진다. 마음도 마찬가지이다. 마음이 다친 경우 가능한 한 신속하게 치유하는 것이 필요하다. 빠른 조치와 적절한 치유를 통해서 마음을 관리하는 것이 필요하다.

단, 신속하게 처리한다고 해서 금방 다 낫지는 않는다. 신체적인 문제들의 경우에도 다리가 골절되거나 상처가 큰 경우에는 치유 기간에 시일이 소요된다. 다만, 치유 기간 동안 얼마나 적절한 방식으로, 그리고 지속적인 치료를 받는지에 따라서 후유증이 적어지거나

흉터가 덜 남게 된다.

마음의 경우에도 당연히 시간이 걸릴 수 있다. 큰 마음의 상처는 치유하는 데에도 오래 걸릴 수밖에 없다. 그리고 그동안 얼마나 정성스럽게 지속적으로 치유를 하는지에 따라 그 결과도 달라진다. 예를 들어 자신 주변의 중요한 사람(부모 혹은 가장 친한 친구 등)이 사망한 경우에는 최소한 6개월 정도의 애도기간이 필요하다. 아무리 좋은 상담이나 심리치료를 받더라도 3개월 이상은 불안정한 기분과 반복되는 우울감을 경험하게 된다. 이런 이유로 주요 가족 사망 후 6개월 이내에 우울증이 찾아오면 이는 우울증으로 진단 내리지 않는다. 정상적인 애도 반응으로 보는 것이다.

셋째는 긍정적 감정을 늘려서 좋은 심리적 상태로 만드는 것이다

긍정적 마음은 나 자신과 현재 상황에 대해 균형적으로 판단하고 건강한 대응을 하는데 도움된다. 왠지 울적한 마음을 가지고 있다가도 환하게 비추는 햇살에 마음이 밝아지기도 한다. 퇴근 후 지친 마음을 가지고 집에 갔을 때, '아빠~'하고 환하게 웃는 내 딸의 모습에 다시금 기운이 나게 된다.

이 각각을 실천하는 구체적인 방법들은 다음과 같다.

우선 첫째, 내 마음의 상태에 민감하기 위해서는 '내 마음의 상태에 대해 습관적으로 평가하기'가 필요하다. 이를 기분평가법이라고

한다. 당신의 기분 상태를 평가하기 위해 다음의 표를 활용하면 도움된다. 다음 표를 보면서 다음 질문에 답해보라. "지금 당신의 기분은 몇 점입니까?"

기분 평가법

당신의 기분 평가는 몇 점인가? 기분이 좋은 상태인가, 아니면 스트레스를 많이 받고 있는 상태인가? 좋은 상태나 안 좋은 상태 중에서도 '상(+5점 혹은 -5점)', '중(+3점 혹은 -3점)', '하(+1점 혹은 -1점)' 중 어느 수준인가?

만약 현재 기분 +3이라면 업무에 대한 집중력과 효율성이 높은 상태로서 자신의 일을 효과적으로 처리하고 있을 것이다. 또한 상쾌한 기분으로 맛있는 점심식사 생각을 하게 될 것이며, 누군가가 당신에게 도움을 요청한다면 흔쾌히 응해줄 가능성도 높아진다.

그런데 만약 당신의 기분이 -3인 경우라면 어떨까? 내적인 집중력과 효율성이 떨어지며, 일이 자꾸 꼬이거나 마음처럼 되지 않는다는 느낌을 많이 받을 것이다. 합리적이고 객관적인 판단을 하지 못하고 사소한 일에도 짜증이 나고 주변 사람의 얘기도 민감하게 반응할 가능성이 높다.

이와 같이 자신의 기분에 대한 습관적 평가는 나의 심리적 상태를 파악하는데 매우 유용하다. 기분이 긍정적인 상태라면 현재와 같이 즐겁게 일에 몰입하면 되며, 만약 부정적인 기분 상태라고 하면 이에 대해 빨리 개입하고 해결하는 것을 가능하게 해 준다. 그래서 더욱 큰 상처가 되거나 혹은 문제가 커지는 것을 예방할 수 있다.

두 번째는 '부정적인 감정들에 대한 빠른 해결과 대처'이다. 우리가 습관적으로 기분 평가를 하는 것은 단지 현재 심리적 상태 파악에 그치는 것이 아니다. 문제가 있거나 부정적인 감정에 사로 잡혀 있는 경우 빠른 대처와 해결을 하기 위해서인 것이다.

만약 '-'인 부정적 기분 상태라고 하면 이는 자신의 업무 효율성과 대인관계 등 다양한 측면에 부정적 영향을 끼칠 수밖에 없다. 이것이 부정적인 기분 상태를 해결해야 하는 궁극적인 이유이다. 이를 보통 "스트레스 매니지먼트"라고 칭한다. 즉 자신의 기분이 좋지 않거나 스트레스가 심한 경우 이를 해결할 수 있는 나만의 방법을 보유하고 활용하는 것이 필요하다.

스트레스를 해소하거나 부정적인 감정을 해결하는 방법은 매우 다양하다. '여행'이나 '휴가'처럼 덩치가 크고 큰 결심을 해야 하는 것들도 있는 반면, '산책'이나 '커피 한잔하면서 수다 떨기' 등 간단한 방법들도 있다.

어떤 것이 맞는지 보다는 다양한 상황에서 활용할 수 있는 '다양한 스트레스 관리 방법'을 활용할 수 있는 것이 더 중요하다. 어떤 활동이건 내 기분을 1~2점이라도 '+' 방향으로 변화시킬 수 있다면 그것은 유용한 방법이다.

세 번째는 '긍정적 감정을 유지하고 관리'하는 것이다. 아프고 난 다음에 치료를 하는 것은 당연히 필요하나 더욱 좋은 방법은 아예 아프지 않은 것이다. 마음의 상처나 스트레스를 받기 이전에 내 마음의 상태를 긍정적으로 유지하고 관리하는 것이 더욱 효과적일 수 있다. 우리는 가진 것의 소중함을 잊어버리는 나쁜 버릇이 있다. 다음 질문들에 대해서 진지하게 생각해보라. '당신은 오늘 무사히 출근했는가?', '당신의 열정을 발휘할 수 있는 직장이 있는가?', '하루 일을 마치고 시원하게 맥주 한잔 나눌 수 있는 친구나 동료들이 있는가?', '지금 당장 내 눈앞에는 안 보이나 어딘가에서 나를 걱정하고 염려해주는 소중한 사람들이 있는가?', '큰 병이나 문제없이 비교적 건강한 신체적 및 심리적 상태를 유지하고 있는가?'

이 질문들에 대답을 한 후 느껴지는 감정은 무엇인가? 내가 자주 잊게 되는 내가 가지고 있는 소중한 것들의 가치를 느꼈는가? 우리가 힘들었던 기억이나 문제들 때문에 고민하는 것만큼 가진 것의 소중함을 떠올리거나 그 가치를 상기하는 것도 필요하다. 그것이 나의 심리적 상태를 균형적으로 유지하며 일에 대한 효율성과 열정을 유지하는 건강한 방법이다.

"소확행"이라는 표현이 있다. 즉 작지만 확실한 행복을 가져오는 방법들을 말한다. 이와 같은 소확행은 자신의 감정을 관리하거나 치유하는 데 매우 큰 기능을 한다. 작고 사소한 방법들일 수는 있으나 이를 통해 내 기분을 긍정적인 상태로 유지할 수 있다. 또한 마음이 지치고 힘든 상태인 경우에도 나의 기분을 조금이라도 업(Up)시키는 데 매우 유용하게 활용될 수 있다.

지금 당장 자신의 소확행 리스트를 작성해 보라. 이를 작성하는 과정에서도 기분이 1~2점 올라가는 것을 느낄 수 있을 것이다. 이처럼 자신의 기분 상태를 인지하는 습관과 이를 적극적으로 관리하는 실천은 매우 중요하다. 운동선수가 몸을 철저히 관리하듯이 직장인도 마음을 철저히 관리해야만 한다.

그런데 이미 이와 같은 일상적 관리 수준을 넘어서는 마음의 상처가 생겼거나 스트레스가 극심하다고 느낄 때에는 전문가를 찾는 것이 필요하다. 몸이 많이 아프면, 당연히 병원을 간다. 마찬가지로 마음의 아픔에 대해서는 마음 전문가를 찾는 것이 필요하다.

최근 업무에 대한 열정과 효율성이 떨어지며 우울감과 불안감이 늘었다면 객관적인 진단과 그에 따른 상담이나 코칭을 받아 해결하는 것이 최상이다. 자신의 스트레스도 감당이 잘 안 되는 동료나 선배들과 술을 먹으며 고민상담을 한다고 해서 해결될 문제가 아니다.

10

종로에서 뺨 맞고 한강에서 화풀이해라

나부터
관리하라!

직장생활을 하다 보면 다양한 감정들을 경험하게 된다. 오랫동안 노력했던 프로젝트가 좋은 결과로 끝났을 때에는 성취감과 만족감을 느끼며, 함께 고생한 동료들과의 동지애가 돈독해진다. 내가 작업했던 상품이 출시되거나, 내 옆에서 모르는 사람들이 내 작품(?)과 관련된 얘기를 하는 것을 듣게 되면 남모를 뿌듯함과 자부심이 생긴다.

하지만 어찌 세상이 내 마음대로 되겠는가?! 목표를 달성하지 못한데 따른 좌절감과 그로 인한 질책으로 우울감과 자책을 경험하기도 한다. 또한 큰 입찰을 앞두고는 불안감을 감출 수가 없으며, 정당하지 못한 평가를 받았다고 생각되는 순간에는 내적인 분노감을 경험하게 된다.

즉 직장생활 중에는 여러 가지 감정을 겪게 되는데, 그중에는 긍정적 감정도 있으나 부정적인 감정도 경험할 수밖에 없다. 그중에서도 분노는 나의 마음에 가장 심한 상처를 주며, 장기적인 악영향을 끼치는 대표적 감정이다. 이를 잘 해결하는 것은 매우 중요하다.

원래 분노를 해결하는 가장 시원한 방법은 맞짱이 최고이다. 받은 대로 갚아주는 것이 가장 좋다. 종로에서 뺨을 맞았다면 종로 한가운데에서 나를 때린 사람에게 두배로 복수해주는 것이 가장 시원하다.

단, 맞짱을 떠서 상대방을 제압하였을 경우에는 그렇다. 만약에 어설프게 맞짱을 시도하게 되면 더 크게 다칠 수도 있다. 혹은 맞짱 과정에서 상대방에게 피해를 줄 수 있으나, 본인도 상당한 수준의 상처를 입게 되는 경우가 더 많다.

과연 종로에서 뺨을 맞았다고 종로에서 화풀이를 하는 것이 적절할까? 특히 이와 같은 분노 발생이 회사나 고객과의 관계에서 발생하였다면 어떠할까? 혹은 회사 내에서 리더나 혹은 다른 부서 사람과의 관계에서 갈등이 발생해 화가 날 만한 상황에 직면했다면 어떻게 할 것인가? 진정한 맞짱이 가능할 것인가?

실제로는 그렇지 않은 경우가 더 많을 것이다. 그럼 도대체 어쩌라는 말인가? 그냥 화나고 열 받는 것을 참으라는 것인가? 복수나 맞짱을 하지 못해 잃어버린 내 마음의 평화는 어떻게 되찾을 수 있는가?

사회생활이나 직장생활을 하다 보면 흔히 겪게 되는 대표적인 부정적 감정인 소위 '열받음'이나 분노를 해결하는 방법에 대해 알고 있는 것이 필요하다.

내 마음의 독소, 분노

분노는 대표적인 부정적인 감정으로 '자신의 욕구가 좌절'되었을 때나 혹은 '다른 사람으로부터 비난 혹은 공격'을 받았다고 느낄 때 경험하는 감정이다.

내가 원하던 승진이 이루어지지 않았을 때, 혹은 원하던 프로젝트가 마음대로 진행되지 않을 때 화가 나게 된다. 또한 다른 사람이 나를 신체적 혹은 심리적으로 위협하거나 공격함으로써, 내적인 상처와 손상을 입었다고 느껴질 때도 분노를 경험하게 된다.

분노는 다양한 문제들을 일으킨다.

우선 강한 분노는 뚜렷한 신체적 반응을 야기한다. 심장박동수의 급격한 증가 및 동공확장, 혈당 상승 등이 일어나게 된다. 그리고 이와 같은 신체적 반응들이 지속적으로 반복되면 더 큰 신체적 증상으로 발전되는 경우들도 흔하다. 스트레스가 심하고 화를 해결하지 못하고 계속 참기만 하게 되면, 청력이나 시력 상의 문제, 혹은 전반적 면역력 저하 등 다양한 신체적 증상으로 확장되는 경우들이 많다.

또한 심리적으로도 문제가 발생한다. 내적인 심리적 불편감과 더불어, 일상적이고 정상적인 업무수행을 방해하고 일에 대한 효율성을 저하시킨다. 때로는 상사, 고객, 동료 등 타인과의 관계에서 적대적인 태도나 신뢰 부족 등의 문제를 보임으로서 단순한 내적 감정 이상의 다양한 파생적 문제들을 초래하기도 한다.

특히 분노는 행동화 경향이 높은 감정으로서 이를 적절하게 조절하거나 해결하지 못하는 경우에는 많은 행동적 문제들도 동반된다. 소리를 지르거나 혹은 물건을 집어던지는 등의 격한 분노표출 행동을 보이기 쉽다.

또한 타인과의 관계에서 적대적이고 공격적인 행동을 보이는 것은 상대방이 다시금 나를 공격하게 만드는 2차 피해를 유발하기도 한다. 상사나 고객 등과의 관계에서는 비협조적인 행동이나 '티 나지 않게 반항하기' 등과 같은 수동-공격적 행동을 보이는 경우도 있으며, 때로는 소위 '맞짱'이라고 하는 적극적인 공격행동을 보이기도 한다.

이래저래 분노는 시작될 때부터 나 스스로에 대하여, 그리고 주변 상황이나 사람에 대해, 여러모로 좋지 않은 영향을 미치는 대표적인 부정적 감정이다. 그래서 적극적인 관리와 해결이 필요한 감정이기도 하다.

분노의 원인: I'm OK! But You're not OK!

그런데 동일한 상황을 겪었다고 해서 동일한 분노를 느끼는 것은 아니다.

고객과의 문제가 생기거나 혹은 상사와 갈등이 발생했을 경우 어떤 사람은 분노를 경험하고 또 다른 사람은 우울감을 느끼기도 한다. 어떤 사람은 고객이나 상사 탓을 하고 비난하는 반면 또 다른 사람들은 자책을 하고 자기존중감에 상처를 받는 경우도 있다.

즉, 우리의 내적 감정이라는 것은 객관적인 상황 자체로부터 발생되는 것이 아니며, 이를 받아들이는 내적 사고와 해석에 더 영향을 받는다. 그런데 분노는 기본적으로 내가 피해나 상처를 입었다는 것이며, 이와 같은 상황이 벌어진 이유를 '타인의 잘못'이라고 해석하거나 혹은 그 원인이 타인에게 있다고 받아들일 때 발생하는 감정이다.

자기가 원하는 일을 하지 못하게 되는 경우나 상황이 내 뜻대로 돌아가지는 않는 경우 사람들은 좌절감을 경험하게 된다. 그런데 그 원인이 나의 능력 부족이나 어쩔 수 없는 한계라고 생각될 때에는 분노를 경험하지 않는다. 이런 경우 우울감이나 무력감을 경험하게 된다.

반면 상사가 나에 대해서 부당하게 평가했다고 지각하거나, 문제의 원인이 고객의 못된 성격이라고 생각하는 순간 분노가 일어나는 것이다. "본인 입장에서는" 억울한 타인의 비난이나 공격, 내 자존심에 상처를 입히고자 하는 나쁜 의도를 가진 상사의 발언 등에서 분노감을 경험하게 되는 것이다.

즉, 분노는 현재의 고통이 나 자신에게 기인하는 것이 아니라 '나는 당당하나 타인이 부당하다고 판단될 때', 다른 표현으로 "I'm OK!, but You're not OK!"라고 해석될 때 느껴지는 감정인 것이다.

대표적으로 분노를 일으키는 생각들은 다음과 같다. '사람이 어쩌면 저럴 수 있어? 저건 아니지!', '내 상사는 왜 저렇게 행동하는 걸까? 리더가 그러면 되겠어?! 저건 리더의 자질이 없는 거야!', '정말 억울하네! 내가 뭘 잘못했다는 거야?!'

이와 같은 생각들의 공통점은 나는 'OK'며, 상대방은 'not OK'라는 전제가 깔려 있다. 내가 가지고 있는 일반적인 사람의 행동에 대한 평가 기준, 상사는 어떤 자질을 가지고 있어야 하는지에 대한 본인의 기대, 본인 입장에서의 상황 해석 등이 전제되어 있는 것이다. 즉 나는 맞는데 상대방은 잘못되었다고 지각하는 경우, 그리고 그런 상대방의 잘못으로 인해 현재의 문제나 나의 고통이 발생했다고 해석하는 경우 분노가 발생한다.

서로의 생각이 틀릴 수 있고 각자 입장에서의 정답이 다를 수 있다는 생각을 하지 못하게 된다면, 상호 간에 비난만 하게 되며 아무도 이기는 사람 없이 모두가 분노하게 되는 상황이 생기는 것이다. 보통 서로 싸움을 하면서 각자 자기주장만을 하며 결국에는 서로 평행선만을 긋게 되는 것이 바로 그 이유이다.

맞짱은 서로가 손해다! : 분노의 해결

분노는 발생하지 않도록 하는 것이 최선이며, 만약 발생했다고 하면 빨리 해결하는 것이 차선이다.

운전의 경우를 예로 들자면, 충분한 방어운전이 최선이지만, 가끔씩 난폭운전을 하는 운전자로 인해서 화가 나기도 한다. 상대방 운전자로 불쾌해진 감정을 그대로 유지하면서 운전을 한다면 어떻게 될 것인가? 나의 운전도 거칠어지고 짜증은 계속될 것이다. 참다못해 보복운전이라도 하게 되면 더 큰 싸움이나 사고로 이어지기 십상이다.

사회생활도 마찬가지이다. 화나 난다고 해서 직접적으로 화를 표현하거나 소위 '맞짱'을 하는 경우 문제가 더욱 커지게 된다. 분노를 경험하는 본인의 상태도 좋지 않지만, 분노를 표현하는 경우 상황이 더 복잡해진다. 나의 분노 표현에 상처를 입은 상대방은 더 큰 공격으로 복수를 하게 된다. 그리고 나는 그 분노에 노출되고 피해를 입을 수밖에 없는 것이다.

그럼 이와 같은 분노를 효과적으로 해결하는 방법은 무엇인가?

첫 번째는 '표현과 발산'이다

즉, 화나 분노를 말로 표현하거나 행동적으로 표현하는 것이다. 단, 상대방에게 직접적으로 표현하거나 발산하는 '맞짱'을 말하는 것이 아니다. 분노를 표현해도 괜찮은 상황에서 그 감정을 표현하고 발산하는 것을 말한다.

예를 들어 친구에게 전화를 걸어 화난 감정을 말로 표현하거나 혹은 사람들이 듣지 않는 공간에서 소리를 지른다던가, 아니면 헬스클럽에서 평상시보다 좀 더 과격한 운동을 통하여 발산하는 방법이다. 이는 분노를 일으킨 원인 제공자와의 갈등을 최소화시키면서도, 급격하고 순간적인 강한 분노감을 정리하고 해결할 수 있는 방법이다.

만약 이와 같은 방법들이 모두 어렵다면 글로 쓰는 것도 유용하다. '글로 풀어내기'란 자신이 경험하는 부정적인 감정들을 글로 기록해 보는 것으로써, 떠오르는 생각이나 기분 등을 워드프로세서나 메모장 등에 속시원히, 생각나는 그대로 적어보는 것이다.

이를 통해 일차적으로는 감정 발산의 효과를 얻음과 동시에, 부차적으로는 내 생각과 감정에 대한 정리 및 객관적 판단을 시작할 수도 있다.

두 번째는 '생각 다루기'이다

즉 내 생각을 잘 조절함으로써 분노를 줄이거나 혹은 해결할 수 있다.

생각을 다루는 첫 번째 팁은 '격하고 자극적인 생각 줄이기'이다.

앞서 논의한 대로 분노는 내가 피해나 상처를 받았다고 생각하기 때문이다. 물론 실제로 남들이 부정적인 의도로 나를 해치는 경우가 많다. 하지만 그 상황을 필요 이상으로 자극적으로 받아들이거나 해석하여 분노를 키우는 경우가 많다.

예를 들어 상사가 나의 행동에 대해서 지적할 때, '좀 좋게 말해주면 더 좋을 텐데'라고 생각할 때보다, '왜 나만 가지고 그래? 왜 나만 괴롭히는 거야 정말!'이라고 생각할 때 더욱 화가 나게 된다. 좌절 상황에서도 '있을 수도 있는 일이 발생했네! 어떻게 해결해야 하지?'라고 생각하는 것보다, '이건 말도 안돼! 도저히 있을 수 없는 일이야!'라던가 혹은 '인간이 어쩜 저러냐!! 저건 절대 해서는 안될 짓이지!!'라고 생각하면 더욱 강한 분노를 느끼게 된다.

이와 같은 감정에 치우친 격한 생각은 격한 감정반응을 일으키며, 이로 인해 나의 상처도 깊어지고 타인에 대해서도 더욱 격한 반응을 초래한다. 이로 인해 나의 분노와 상대방의 분노가 서로 상승 작용하는 악순환이 심화된다.

생각을 다루는 두 번째 팁은 '생각 확대하지 않기'이다.

부정적인 생각은 깊게 생각하거나 확산적으로 생각하면 더욱 커지게 된다. 분노나 화도 깊이 생각할수록 더 커지는 법이다. 바로 '생각할수록 더 화가 나네!!'라는 표현이 이와 같은 현상을 지칭하는 말이다. 따라서 생각을 확대하지 않음으로써 분노를 조절할 수 있다.

생각을 확대하지 않는 방법은 "왜?"에 대해서 탐색하지 않는 것이다. 우리는 다른 사람의 행동에 대해 습관적으로 해석을 하게 된다. 그러나 감정이 격해져 있고 화가 많이 난 상황에서는 객관적이고 합리적인 해석을 할 수 없다. 오히려 화를 더 부추기는 감정적인 판단이 들기 마련이다. 따라서 화가 났을 때 "왜 저러지?"에 대해 진지하게 생각해 봐야 별 도움이 되지 않는다. 오히려 부정적 생각이 더 커지고 정교화되어 화나 분노지수만 올라간다.

생각을 다루는 세 번째 팁은 일단 모든 생각을 잊고 '다른 일에 몰두하는 것'이다.

화가 난 경우에는 우선 모든 생각이나 판단을 멈추는 것이 효과적이다(Stop 기법). 그리고 난 후, 가벼운 유튜브 동영상이나 유머 사이트, 혹은 짧은 드라마 등에 주의를 기울이고 집중하는 것이 좋다. 이를 통해 생각이 필요 이상으로 깊어지는 것을 방지할 수 있다(주의분산법).

부부 싸움의 경우에도 감정이 격화되면 처음에 왜 싸우기 시작했는지는 생각도 안 날 정도로 격한 감정의 대립으로 발전되는 경우가 많다. 부부 싸움이 격해질 때 5분 정도의 타임아웃(즉 싸움을 중단하고 5분 정도 다른 일을 하다가 다시 원점에서 싸움을 시작하기)을 하는 것도 같은 원리이다.

분노는 우리가 느낄 수 있는 아주 일상적이고 자연스러운 감정 중 하나이다. 삶을 살아가는 과정에서, 특히 직장에서와 같이 다양한 일들과 갈등이 존재하는 상황에서는 흔히 경험할 뿐 아니라 어쩔 수 없이 겪게 되는 감정이 바로 분노이다.

그러나 분노가 워낙 부정적인 감정일 뿐 아니라 다루기 불편한 감정이기 때문에 우리가 피하려고 하거나 혹은 적극적으로 대처하지 않는 경우들이 많다. 이로 인해 분노를 다루는 데 더욱 미숙하게 되며, 화를 경험할 때에 더욱 당황하게 되거나 혹은 부적절한 방법으로 표출하게 된다.

제일 중요한 것은 나 스스로가 다치지 않는 것이다. 나 스스로가 다치지 않는 다양한 방법을 통해 분노를 해결하는 것이 스스로를 보호하는 가장 좋은 방법이다.

함부로
사표를
던지지 마라

Part Three

직장의 기본적인 설립 목적은 '비즈니스'다. 즉, 업무를 통한 성과 및 이익 창출이 일차적인 목적이다. 이와 같은 목적으로 구성된 직장에서 가장 우선시되는 가치는 궁극적으로 '성과'다. 그리고 구성원의 기본적인 역할과 책임은 성과창출이라는 목적에 부합해 정해진다. 이는 직장생활을 하는 사람들이 가지게 되는 자기존중감의 바탕이며, 인정을 받기 위한 최적의 수단이기도 하다.

적절한 성과를 만들어내기 위해서는 상당한 노력과 실행이 필수적이다. 기본적인 자질과 충분한 연습과 노력 없이 우수한 성적을 낸 국가대표 선수는 없다. 자신이 정한 목표를 달성하기 위해서는 기본적인 재능과 더불어 치열한 노력과 실행이 필요한 것이다. 그리고 이러한 노력과 실행이 분명한 방향과 목표를 가질 때 더욱 효과적일 수 있다.

유능한 '나' 만들기

: 직장인의 성과관리

11
진정 원하는 게 뭐야?

유능한
'나' 만들기

'어린 시절 당신의 꿈은 무엇인가?' 이 질문에 대한 당신의 답변은 무엇인가? '대통령?', '과학자?', 혹은 '장군?'. 아마도 분명한 것은 A사의 과장이 꿈이었던 사람은 없을 것이다. 그렇다면 지금 당신의 현실에 대해서는 어떻게 받아들여야 하는가?

세상 어느 누구나 자신의 꿈과 미래를 가지고 있었지만, 성장과정을 거치면서 어린 시절의 비현실적인 꿈이 현실적으로 조정되어 왔을 것이다. 또한 현실적인 자신의 꿈도 실제 생활 상의 요건들과 상호작용하며 또 한 번의 현실적 재조정을 거쳤을 것이다.

그 결과, 비교적 안정적인 환경 속에서 너무 조이지 않고 싶은 사람은 공무원이 되기 위해 노력했을 것이다. 반면에 경쟁적 상황에서의 성공과 성취를 원하는 사람은 힘들지만 소위 "뽀대 나는" 대기업을 가기 위해 노력했을 것이다.

그런데 본인이 막상 기대하던 회사에 들어간 후에도 다시 한번 현실적인 재조정을 거치게 된다. 편할 것이라고 생각했던 직장생활이 생각보다 녹녹하지 않을 뿐 아니라 이전과는 다른 대인관계에 사뭇 당황했을 것이다.

이런 혼란과 재조정 과정에서 가끔씩은 목표와 방향을 잃고 방황하는 일도 경험하게 된다. 혹은 이런 혼란이나 재조정도 없이 닥치는 대로 열심히 살다 보니 현재 이 자리에 도달해 있는 경우도 있을 것이다.

별 생각이 있었건, 아니면 없었건 간에 우리는 오늘의 현실을 살고 있다. 그리고 오늘의 현실에서 최선을 다하고 가장 좋은 결과를 거두는 것이 더 중요할 것이다. 이를 위해 다시금 "내가 진정 원하는 것"에 대해서 한번 리뷰하고, 지금의 현실과 나의 원하는 바 간의 재조정과 대타협을 시작해야 한다.

"지금, 그리고 현재" 당신의 위치와 역할을 기준으로 자기 목표와 방향을 다시금 설계해보자.

짧고 굵게? 아니면 가늘고 길게?

흔히 직장생활에 대해 "짧고 굵게" 갈 것인가, 아니면 "가늘고 길게" 갈 것인가를 고민하게 된다. 분명한 정답은 없으나, 본인의 성격이나 바라는 희망에 따라 둘 중 어떤 것을 선호하는지가 결정된다.

물론 본인이 원한다고 해서 다 그렇게 되는 것은 아니다. 하지만 본인이 어떤 것을 원하고 선호하는지에 대해 알고 있는 것은 중요하다. 왜냐하면 그것은 일에 대한 나의 열정과 관련될 뿐 아니라 현재에 대한 만족과도 밀접한 관계가 있기 때문이다.

그럼 정답은 무엇일까? 어떻게 하는 것이 가장 현명한 것일까?

그것은 짧은 계획과 긴 계획을 병행하는 것이다. 즉 나의 현재에 기반한 짧은 계획, 즉 단기 계획과 더불어 장기적인 관점에서 길게 갈 계획, 즉 장기 계획에 대한 준비를 모두 갖추는 것이 필요하다. 그리고 이를 가능한 한 열심히 실천하면 된다.

이를 구분하여 준비하는 것은 중요하다. 그 이유는 단기적인 집중요소와 장기적 관점에서의 대비해야 할 요소들이 서로 다르기 때문이다. 현재의 직장에 일단 집중하는 것은 항상 중요하다. 장기적으로 어떤 계획을 가지고 있는지에 상관없이 현재의 직장에서는 최선을 다하는 것이 필요하다. 현재 직장에서의 좋은 성과나 결과는 단기적으로나 장기적으로도 항상 도움되기 때문이다.

하지만 현재의 직장에서 계속 직장생활을 하고 싶은지, 혹은 3~5년 단위로 자신을 업그레이드하기 위한 이직의 기회를 노리고 있는지에 따라서 장기계획은 매우 달라진다. 그리고 장기적으로 어떤 계획을 가지고 있는지에 따라 현재의 초점과 관심도 어느 정도는 달라질 수밖에 없다.

이를 위해 가장 우선되어야 하는 것은 장래 나의 모습을 그려보는 것이다.

10년 후 나의 모습은?

10년 후 당신은 어떤 모습이 되어 있기를 원하는가? 내가 꿈꾸는 미래는 무엇인가? 이에 따라 나의 단기적 계획 및 실행과 중/장기적 계획과 실행이 달라질 수밖에 없다.

만약 이런 미래를 꿈꾸어 본 적이 없다면 다음 내용에 대해 구상해보라. 그리고 미래를 꿈꾸어 보았던 사람들이라면 아주 구체적이고 현실적인 차원에서 미래를 디자인해 보라. 단, 가능한 한 즐겁게 상상하고, 매우 구체적으로 상상해보라.

| 1 나의 가정: 10년 후 나는…

'나는 ○○○에 위치한 ○○○집에서 ○○○와 함께 삽니다. 아침에 되면 ○○○를 타고 ○○○에 위치한 회사로 출발합니다.' 등과 같이 자유기술

| 2 나의 회사: 10년 후 나는…

'나의 회사는 ○○○회사로써, 우리 회사에 대해 소개를 한다면…' 등과 같이 자유기술

| 3 나의 일: 10년 후 나는…

– 나이 및 직업은?

– 나의 직책은?

– 내가 하는 업무는?

| 4 나의 하루 일과: 나의 오전과 오후는…

– 오전에 처리할 일이나 활동은?

– 오후에 회의가 있습니다. 누구와? 어떤 내용으로?

| 5 나의 개인적 삶: 퇴근 후 나는…

'퇴근 후 나는 ~~와 함께 ~~(활동)을 하면서...' 등과 같이 자유기술

당신의 하루

당신이 상상해본 당신의 미래는 어떤 모습인가? 지금의 모습과는 어떻게 다른가? 현재 나의 위치나 역할과 비교해 볼 때 어떤 차이가 있으며, 이 차이를 메꾸기 위해서는 어떤 노력이 필요하겠는가?

이것이 바로 나의 미래를 상상해보는 이유이다. 즉, 내가 꿈꾸는 미래를 현실화하기 위하여 어떤 노력과 실행이 필요한지를 살펴보는데 그 목적이 있는 것이다. 나의 미래가 구체적일수록 나의 계획과 실행도 구체적으로 디자인할 수 있다.

어떻게 할 것인가?

그럼 이제는 어떻게 해야 하는가? 어떻게 해야 하는지와 관련해서는 두 가지 차원에서 접근해야 한다. 현재 직장에서, 혹은 이후 3년 이내의 단기적 차원에서의 목표 수립과 실행이 우선되어야 한다. 다른 차원에서는 5년 이후의 미래에 대한 장기적 차원에서의 목표 수립과 실행이 필요하다.

그리고 이 두 가지 차원은 업무적 범주와 대인관계 범주, 그리고 개인적 범주 등 세 가지 범주에서의 계획과 관리가 필요하다. 총 6가지의 셀에 대하여 각각 목표 및 실행계획을 수립해야 한다. 이를 도표화한 것이 다음의 표이다. 이 각각에 대하여 자신의 목표를 수립해 보라.

1 단기적 목표 수립과 실행 계획

현재 직장 및 지금부터 3년 이내에 실천해야 할 목표와 실행계획을 수립합니다.

단, 이를 업무적, 대인관계, 그리고 개인적 범주 등 세 가지 차원에서의 목표와 실행계획을 수립하되, 각각 3가지(최소한 2가지 이상)씩 선정해 보십시오.

1-1 | 업무적 차원의 단기 목표와 실행계획

| **목표 1** _____

  실행계획 :

| **목표 2** _____

  실행계획 :

| **목표 3** _____

  실행계획 :

1-2 | 대인관계 차원의 단기 목표와 실행계획

| 목표 1 _____

실행계획:

| 목표 2 _____

실행계획:

| 목표 3 _____

실행계획:

1-3 | 개인적 차원의 단기 목표와 실행계획

| 목표 1 _____

실행계획:

| 목표 2 _____

실행계획:

| 목표 3 _____

실행계획:

2 장기적 목표 수립과 실행 계획

자신의 장기적인 목표를 고려할 때, 향후 5년 이후 수행해야 할 장기적 차원에서 접근해야 할 목표를 수립합니다.

단, 이를 업무적, 대인관계, 그리고 개인적 범주 등 세 가지 차원에서의 목표를 수립하되, 각각 2가지씩 선정해 보십시오.

2-1 | 업무적 차원의 장기 목표와 실행계획

| 목표 1 _____

  실행계획:

| 목표 2 _____

  실행계획:

2-2 | 대인관계 차원의 장기 목표와 실행계획

| 목표 1 _____

  실행계획:

| 목표 2 _____

  실행계획:

2-3 | 개인적 차원의 장기 목표와 실행계획

| 목표 1 _____

　실행계획:

| 목표 2 _____

　실행계획 :

　단기적 및 장기적 차원에서의 목표와 실행계획을 수립해 본 소감은 어떠한가? 잘 되었는가, 아니면 그동안 너무 미래를 생각하지 않고 계획 없이 살았다는 생각이 드는가?

　이와 같은 단기적인 계획과 장기적인 접근은 수립해 보는 과정에서 본인 스스로 이를 고민해보고 정리해보는 것 자체에 그 목적과 의미가 있다.

　만약 목표를 제대로 수립하지 못하였다면, 일이나 직장생활에서의 구체적인 방향 부재로 인해 내적인 열정이나 몰입이 부족할 가능성이 높다. 단기적 및 중장기적 목표를 세워 봄으로써 내적인 열정을 되살리고 현재에 대한 몰입을 높이는 기회가 될 것이다.

　단기적 및 중장기적 목표를 잘 수립했다면, 이를 가끔씩 리뷰하면서 스스로를 점검해보는 기회로 활용하면 된다. 혹은 다음번에 다시금 목표를 리뷰할 때 적절치 못한 것은 삭제하거나 혹은 더 좋은 안으로 계속해서 수정/보완하면 된다.

실제로 계획들을 지키고 안 지키고는 다음 문제이다. 일단은 목표를 세우고 실행계획을 수립해보는 것 자체가 유용하다. 물론 지키면 더욱 좋다. 하지만 이는 천천히 해야 할 일이다. 지금 당장은 내 인생과 직장생활의 방향을 잡는 것이 우선이다.

직장생활이라는 것은 완성되었을 때 나올 큰 그림을 생각하며, 하루하루 한붓씩 칠해나가는 과정이다. 전체적인 그림에 대한 구상이 없다면 오늘의 붓질과 내일의 붓질이 일관되고 통합되기 어렵다. 당연히 마지막에 완성된 그림도 뭔가 엉성하고 주제가 분명하지 않은 모호한 그림이 될 것이다.

반대로 큰 그림을 생각한 후 부분들을 채워 나가는 경우 본인이 원래 의도하던 바에 유사해진 결과가 나올 가능성이 높아진다. 물론 처음에 원했던 그림이 정확하게 그려지는 일은 거의 없다. 그래도 전반적인 방향이나 결과물에 대한 의도 자체는 어느 정도 맞아야 하지 않겠는가?

문제는 이와 같은 관점 자체가 없는 경우이다. 직장생활에 대한 큰 그림이 필요하며, 이를 달성하기 위해 단계적인 목표나 실행들이 필요하다. 만약 이런 인식과 통찰이 없다면 충분한 열정과 몰입이 나올 수 없으며, 목표하는 성과도 얻을 수 없다.

직장생활은 상당히 긴 장기적인 여정이다. 단시간에 끝내거나 단기적인 노력을 통해 궁극적인 성과를 얻을 수는 없다. 장기적 관점에서의 체계적인 노력과 실행이 모아져 그 목적을 이루게 되는 것이다. 이 과정을 견디는 인내심과 더불어 더 좋은 결과를 얻기 위한 내적인 열정과 몰입이 필요하다.

12
대치 불가능한 전문가가 되어라!

유능한
'나' 만들기

세상은 치열한 경쟁 사회이다. 불행히도 이는 맞는 얘기이다. 이 세상의 기본적인 속성은 나와 유사한 능력을 가진 여러 사람들 사이에서 치열한 경쟁을 벌이고, 그에 따라 순위가 결정되는 경쟁 사회인 것이다. 학생일 때 중간고사와 기말고사도 그랬으며, 대학입시는 더욱 숨 막히는 치열한 경쟁이었다.

특히 직장생활은 더욱더 그러하다. 같은 입사 동기는 제일 치열한 경쟁 상대이며, 내가 더욱 성공하고자 하는 의도와 목적이 있다면 나의 선배들과 경쟁을 해야 할 때도 있다.

이는 너무도 당연하고 명백한 사실이다. 하지만 한편으로는 불편하기도 하고 듣는 것만으로 피로감이 몰려오기도 한다. 이런 현실이 싫으면 직장생활을 하지 않으면 된다. 즉 경쟁하지 않는 곳에서 일하면 되는 것이다. 하지만 직장생활을 해야 한다면, 피할 수 없는 숙명이다.

이와 같은 명제는 직장생활에서의 '성공'을 중시하는 사람들에게는 맞는 얘기이다. 직장에서의 성공이란 치열한 경쟁 속에서 살아남거나 혹은 특별한 자신 만의 지위나 역할을 만들어가는 과정인 것이다. 적극적인 직장생활을 하고 싶다는 전제 하에, 이 치열한 경쟁 사회에서 자신의 능력을 인정받는 사람이 되기 위한 비결은 무엇일까?

이는 단순히 나의 입장에서 공부를 많이 하거나 경험을 축적하는 것만으로는 해결되지 않는다. 남들과 차별화되는 나만의 차별 포인트가 있어야 한다. 다른 사람들과 비교에서 차별적인 경쟁적 우위가 있고, 이에 기반해 자신 만이 만들 수 있는 분명한 성과와 결과를 보여야만 인정을 받을 수 있다. 특히 타인으로 대치 불가능한 나만의 경쟁력이 있다고 한다면 그것은 나의 핵심 병기가 될 것이다.

당신은 타인과 차별화되는 어떤 경쟁력을 보유하고 있는가? 스스로의 핵심 경쟁력은 무엇인지 알고 있는가? 이를 찾기 위해서 어떤 노력을 했는가?

내 업무 분석

'좋은 성격' 혹은 '좋은 사람'이라는 의미는 무엇일까? 모든 사람들과 잘 지내는 사람이 있을까? 혹은 모든 사람들이 좋아하는 사람은 있을 것인가? 아마도 없을 것이다.

즉, '좋은 성격'이나 '좋은 사람'이라고 하는 것은 결국 상대적인 것이다. 더 정확히 말하면 '좋은 성격'이란 '내가 좋아하는 성격', 혹은 '나와 잘 맞는 성격'이라는 의미인 것이지 절대적으로, 어떤 상황에서도, 그리고 어떤 누구에게라도 '좋은 성격'은 아니다.

특히 직장생활은 더욱 그렇다. 조직이란 일반적인 의미에서의 좋은 사람을 원하는 곳이 아니다. 성과라는 기준에 따른, 명백하게 유능하고 우수한 사람을 원하는 곳이다. 일반적 차원에서의 좋은 성격이 필요한 것이 아니며, 배우자나 친구들 사이에서 좋은 평가를 받는 것과는 다른 특성이 요구된다.

즉, 어떤 회사의, 어떤 직무를 수행하는가에 따라 '좋은 성격'과 '좋은 사람'의 의미가 다 다르다. 그럼 과연 지금 내가 근무하고 있는 조직과 내가 하고 있는 업무에서의 '좋음'이라는 것은 무슨 의미일까? 이 의미를 밝히는 것부터 해야 한다.

이는 두 가지 차원의 관점으로 조망해볼 필요가 있다. 내가 속해 있는 조직 차원에서의 요구와 내 직무와 관련된 특성들이 함께 고려되어야 한다. 다음의 표에 내가 속해 있는 조직에서 요구하는 성향(즉, 조직의 인재상이나 혹은 조직의 특징과 관련된 요소들)과 내 업무와 관련하여 요구되는 특성(해당 업무를 수행함에 있어서 필요한 능력과 자질들)들을 리스팅 해보라.

총 10가지를 기술하되, 그중 5가지는 직무와 관련된 지식이나 스킬, 노하우 등 직무 중심의 요건들(예를 들어, 분석력, 기획력, 영업 스킬, 업에 대한 이해 등)을 기록하라. 나머지 5가지는 직무와 별도로 조직 생활을 하는데 필요한 행동적 측면(팀워크, 스트레스 관리, 공동체 의식 등)을 기록하라.

표 작성 방법

① 직무 관련 필요 능력 및 직무 외 행동능력을 5가지(최소한 3가지 이상) 기록함.

② 개별적 능력에 대한 현재 나의 수준을 평가함.

참고 직무 관련 필요능력은 업무를 수행하는데 직접적으로 필요한 핵심 능력을 기록함. 직무 외 행동능력은 업무와 직접적인 관련은 적으나 조직 생활 혹은 조직의 특성을 고려해 필요한 행동적 측면의 능력들을 기록한다. 예를 들어 영업직의 경우라면, 직무 관련 필요능력은 '영업스킬과 노하우, 협상능력, 설득력, 제품에 대한 지식, 갈등관리 능력, 영업 커뮤니케이션' 등이 될 것이며, 직무 외 행동능력은 '스트레스 관리능력, 자기 통제력, 업무 및 시간 관리법, 팀웍, 변화 대응능력, 협업능력 등이 될 것이다.

Part Three 유능한 '나' 만들기!

직무 관련 필요능력 (5: 매우 높음 / 4: 높음 / 3: 보통 / 2: 낮음 / 1: 매우 낮음)

| 능력 1 _____ **나의 수준** | 5 | 4 | 3 | 2 | 1 |

| 능력 2 _____ **나의 수준** | 5 | 4 | 3 | 2 | 1 |

| 능력 3 _____ **나의 수준** | 5 | 4 | 3 | 2 | 1 |

| 능력 4 _____ **나의 수준** | 5 | 4 | 3 | 2 | 1 |

| 능력 5 _____ **나의 수준** | 5 | 4 | 3 | 2 | 1 |

직무 외 행동능력 (5: 매우 높음 / 4: 높음 / 3: 보통 / 2: 낮음 / 1: 매우 낮음)

| 능력 1 _____ **나의 수준** | 5 | 4 | 3 | 2 | 1 |

| 능력 2 _____ **나의 수준** | 5 | 4 | 3 | 2 | 1 |

| 능력 3 _____ **나의 수준** | 5 | 4 | 3 | 2 | 1 |

| 능력 4 _____ **나의 수준** | 5 | 4 | 3 | 2 | 1 |

| 능력 5 _____ **나의 수준** | 5 | 4 | 3 | 2 | 1 |

본 표를 작성해 본 소감은 무엇인가? 총 10개의 능력 리스트를 쉽게 작성했는가, 아니면 다 채우지 못하였는가?

일단 본인의 업무와 관련된 제반 필요 능력 10개를 제대로 작성하지 못했다면, 자기 업무에 대한 보다 치밀한 분석과 고민이 필요하다. 만약 필요 능력 10개를 작성하였다면 이를 회사의 역량사전이나 혹은 직무 교육 시 받은 자료들과 비교해 보고, 더욱 정확한 내용으로 보완하면 더욱 좋다.

자신의 업무에서 성공하기 위해서는 현재 위치와 역할에서 요구되는 능력에 대해 분명히 인지하고 있어야 한다. 그래야만 이를 향상시키기 위한 정확한 노력이 가능하며, 이런 노력이 축적되어야 유능한 인재가 되는 것이다. 이것이 차별화된 경쟁력 강화의 시작점이다.

나의 적합도 분석

현재 내 직무와 관련된 직무 능력 및 직무 외 행동능력에 대한 분석이 끝났다면 이제는 자기와의 적합도를 분석해야 한다.

이와 같은 적합도 분석은 당락을 결정하거나 다른 일을 하라는 의미는 아니다. 현재 나의 수준과 나의 직무 및 조직과의 맞는 부분과 부족한 부분에 대해 판단해 봄으로써 내가 어떤 점에서는 우수하고 긍정적 평가를 받을 수 있으며, 다른 어떤 점이 부족하고 개발해야 하는지에 관한 방향을 잡기 위한 것이다.

만약 직무 측면에서는 적합도가 높으나 직무 외 행동적 측면이나 조직에서 요구하는 특성이 잘 안 맞다고 하면, 직무 자체에 대한 만족은 높으나 조직 분위기나 행동적 측면에서 갈등이나 문제를 보일 가능성이 많다. 간단히 말해서 일은 마음에 드나 회사에 대한 만족도는 낮은 것이다.

반면 직무 측면에서의 적합도는 높지 않으나 조직적 측면이나 행동 능력 상의 적합도가 높다면 조직 로열티가 높음을 의미한다. 따라서 현 직무가 아니라고 하더라도 이 조직 내에서라면 충분히 만족한 직장생활을 할 수 있을 것이다.

이를 보다 체계적으로 판단하기 위해서는 다음의 표에서 자신의 위치를 평가해보라.

조직에 대한 적합도 수준		하	중	상
	상	⑤	②	①
	중	⑥	③	④
	하	⑦	⑧	⑨
		하	중	상
		직무에 대한 적합도 수준		

표 작성 방법

① 본인의 직무에 대한 적합도 수준을 '상', '중', '하'로 평가함.

② 본인의 조직에 대한 적합도 수준을 '상', '중', '하'로 평가함.

③ 직무와 조직에 대한 적합도 수준을 개별적으로 평가한 뒤, 가로 및 세로가 겹치는 곳을 특정함.

당신의 평가 결과는 무엇인가?

물론 가장 좋은 것은 직무에 대한 적합도와 조직에 대한 적합도가 모두 '상' 수준일 것이다(①영역). 만약 당신이 ①영역에 해당한다면 상당히 행복하고 즐거운 직장생활을 하고 있는 것이라 생각하면 된다.

그러나 이런 경우가 그렇게 많지는 않다. 현실적으로는 직무나 조직에 대한 적합도 중 한 가지는 '중' 수준이며, 나머지 한 가지는 '상' 수준(②혹은 ④영역), 혹은 모두 '중' 수준(③영역)만 해도 충분히 즐겁고 만족한 상황이라 생각해도 무방하다.

만약 직무이던 조직이던 '하' 수준이 하나라도 있다면(⑤~⑨영역), 현재 상황에 대한 불만족 요소가 있는 것을 의미한다. 이런 경우 스트레스가 높을 가능성이 있고, 만족스러운 직장생활을 방해하는 요소로 작용할 수 있다. 따라서 이에 대한 개선과 해결이 이루어져야만 한다.

나만의 컬러와 차별 포인트는?

지금까지 첫째, 자신의 현재 직무와 조직에서 필요한 능력은 무엇인지를 살펴보았으며, 둘째, 그에 기초한 본인의 적합도 수준을 분석해 보았다. 이 과정에서 가장 중요한 점은 본인의 경쟁력과 차별적 강점을 파악하는 것이다. 그것이 바로 당신의 직장생활을 받쳐주는 가장 큰 자원이기 때문이다.

내가 조직에서 인정받고 자신의 능력을 펼치기 위해서는, 성과라는 기준에서 분명한 결과를 보여주어야 한다. 그리고 이는 다양한 방식으로 가능하다. 우선 주어진 업무를 탁월하게 수행하여 좋은 성과를 내면 된다. 하지만 사람이 모여서 함께 작업하는 조직이라는 공동체에서, 사람들을 연계시켜주어 보다 많은 사람들이 성과를 내게 해주는 것도 능력이다.

분명한 것은 타인이 따라올 수 없는 나만의 차별적인 강점과 독특한 색을 가지고 있어야 한다는 점이다. 그래야 차별화된 인정을 받을 수 있으며, 내가 원하는 바를 실현할 수 있다.

만약 누구도 따라올 수 없는 업무 능력을 가지고 있다면 조직이나 다른 사람들이 나를 원하고 찾을 것이다. 즉 매우 필요한 사람인 것이다.

또한 조직에 대한 이해가 높고 조직 안에서의 응집력이나 단합과 협조를 잘 이끌어 내는 사람이 있다면 조직의 촉진자로써의 역할을 수행하게 될 것이다. 이와 같은 사람은 조직의 분위기와 개별적인 사람들의 만족도를 높여주는데 큰 기여를 하게 된다. 즉 매우 필요한 사람인 것이다.

이처럼 나만의 고유한 컬러와 차별 포인트를 가지는 것이 경쟁 사회에서 내가 성공하고 인정받는 방법이다.

직무에서 필요한 능력들을 리뷰하고, 조직이나 직무에 대한 적합도를 분석해 본 결과, 본인이 생각하는 본인의 차별적 강점은 무엇이라 생각되는가? "다른 사람이 대신하기 어려운 나만의 강점"을 정리해보라. 만약 이와 같은 차별적 강점이 없거나 부족하다고 생각된다면, 이를 만들기 위해 노력하라.

다음의 표를 당신의 마음속에 새기고 이를 채우거나 혹은 좀 더 강화하기 위해 노력하면 된다.

나의 차별적 강점 정리하기
다른 사람과 비교하여 타인이 대치하기 어려운 나만의 강점이나 차별점을 정리해 보시오(최소한 3개 이상 보유 필요).

| 첫 번째 차별점 _____

| 두 번째 차별점 _____

| 세 번째 차별점 _____

| 네 번째 차별점 _____

| 다섯 번째 차별점 _____

만약 당신이 한 조직의 리더나 혹은 대표자라고 생각해 보라. 당신은 어떤 인재를 선호하겠는가? 평범하고 일반적이며 어디서나 볼 수 있는 사람을 선호하겠는가? 아니면 '저 사람 아니면 안 돼!'라는 생각이 드는 사람을 선호하겠는가?

만약 당신이 어떤 일을 수행하면서 어려움이나 장애를 겪는 상태라고 생각해 보라. 그때 '이 문제라면 바로 ○○씨가 도움될 거야!'라고 딱 떠오르는 사람이 있다면 어떠하겠는가? ○○씨에 대한 가치를 높게 평가하고 함께 일하고 싶어 하지 않겠는가?

나 스스로에 대한 평가는 내가 하는 것이 아니다. 냉정하고 차가운 경쟁적 상황에서의 시장 가치로 판단되는 것이다.

불행히도 이것이 현실이다. 이와 같은 현실을 제대로 인정하지 못한다면 '왜 나를 인정해주지 않는 거야??!!'라는 내적인 불만이 가득한 투덜이가 되기 쉽다.

나 스스로에 대한 차별적 경쟁력을 확보하는 것이 우선이다. 남들이 인정할만한 충분한 가치를 보유한 후에, 나의 장점을 알아보지 못하는 남을 탓하는 것이 순서이다.

13
버티는 게 힘이다

유능한
'나' 만들기

'도통하다'라는 표현이 있다. 정의 상으로 보면 '깊은 이치를 깨달아 훤히 통하다'라는 의미이다. 어떤 일에서든지 도통하는 수준이 된다면 이는 해당 분야에서 범접하기 어려운 수준의 전문가라는 것을 시사한다.

그런데 '도통'은 그냥 되는 것이 아니다. 한 분야에서 오랜 기간 동안 몸담아야 하며, 나름대로의 신념과 원칙을 가지고 몰입해야 되는 과정이다. 그리고 그 과정에서는 당연히 좌절이나 어려움도 겪게 되며, 이를 극복해야만 도통의 경지에 이르는 것이다.

직장생활도 마찬가지이다. 만약 앞으로도 상당한 기간 동안 직장생활을 할 계획이 있거나 일 측면에서 성공적인 삶을 살고 싶다면 도통할 필요가 있다. 원래 정의를 고려하여 새롭게 정의한다면, '직장생활의 다양한 이치를 깨달아 직장 내에서 발생하는 업무적 측면이나 관계 측면에서의 다양한 사건들을 효과적으로 다루고 해결하는 능력'을 가져야 하는 것이다.

이를 위해서는 오랜 기간 직장생활에 몸담아야 하는 것은 기본이며, 그 가운데에서 다양한 학습과 개발을 할 필요가 있다. 거꾸로 말하면 오랜 기간 동안 직장생활을 했다면 그 기간에 적절한 '도통'이 되는 것이 맞다. 만약 직장생활을 오래 했음에도 불구하고 충분한 '도통'이 이루어지지 않았다면, 분명한 목표의식이 부족했거나 직장생활 중 적극적인 학습과 개발이 제대로 이루어지지 않았을 가능성도 고려해봐야 한다.

장인(匠人)이란?

장인이란 한 가지 일에 대해서 도통한 수준에 이른 전문가를 말한다. 도통한 수준에 이른 전문가라는 것은 다양한 의미를 내포하고 있다.

첫째, 장인이란 해당 분야에 대한 전문성이 높다는 것을 의미한다. 전문성이 높다는 것은 해당 분야와 관련된 다양한 지식이나 노하우를 보유하고 있다는 것이다. 만약 가구 장인이라면, 가구를 만드는 것과 관련하여 재료에 대한 지식이나 가구를 만드는 방법과 관련된 다양한 노하우를 알고 있다는 것을 시사한다.

두 번째, 장인은 탁월한 성과나 결과, 혹은 작품을 만드는 사람이라는 의미다. 그들의 작업 결과는 작품이라고 할 수 있다. 부채 장인이 만든 부채는 기계로 찍어낸 부채에 비하여 훨씬 더 시원하면서도 사용하기 편하다. 평범해 보이는 꽈배기 하나도 그 맛과 쫄깃함이 남다르다. 이렇듯 장인이 만든 결과는 범상치 않은 결과를 만들어 낸다.

그럼 직장생활에서의 '장인'이란 무엇을 의미하겠는가?

첫 번째로 직장 내 업무 및 대인관계 등에 관한 전문가라는 것을 의미한다 업무 상에서는 일과 관련된 다양한 방법론이나 노하우를 알고 있을 뿐 아니라 문제 발생에 대한 대처 방안들이나 솔루션도 풍부하게 보유하고 있을 것이다. 즉, 전반적인 업무에 대한 통찰력이 우수하여,

고품질의 결과를 도출할 수 있는 업무 방법론은 물론 문제 해결의 전문가인 것이다.

또한 직장 내 대인관계나 교류, 그리고 잠재적인 갈등의 유형이나 대처 방안에 대해서도 잘 알고 있을 것이다. 왜냐하면 대인관계는 좋은 성과를 내기 위해 필요한 핵심 요소이기 때문이다. 다양한 유형의 사람 성격에 대한 이해 및 그들과의 효과적인 교류나 상호작용 방법, 그리고 문제가 생길 경우 어떻게 해결하고 대처해야 하는지를 알고 있다는 것이다.

두 번째로 직장 내에서 탁월한 성과와 업적을 만들어 낸다는 것을 의미한다 본인의 업에서 요구되는 일반적인 성과를 넘어서서, 타인들과 차별화되는 고품질의 성과와 결과를 만들어 내야 장인의 경지에 이르는 것이다. 고품질의 성과 및 결과란 단지 일만을 잘하는 것을 의미하지는 않는다. 보통 조직과 회사에서의 고성과란 많은 사람들이 함께 만들어 낸 공동 작품이기 때문이다.

일 자체에서의 고품질일 수도 있고, 사람들을 모아 공동의 결과를 만들어 내는 과정 상의 탁월한 능력일 수도 있다. 어찌 되었건 내 업에서 고품질의 성과를 만들어 내야만 장인의 조건을 충족시키는 것이다.

장인이 되는 길

그런데 아무나 장인이 될 수는 없다. 장인이 되기 위한 몇 가지 조건들이 있다.

가장 기본이 되는 것은 '오랜 기간 동안 한 가지 일을 수행'해야 한다는 것이다. 물론 단기간에 장인의 경지에 이르는 경우도 있을 수 있다. 하지만 일반적인 경우나 혹은 관련 분야에 탁월한 능력을 보유하지 않았다면, 단시간에 장인의 경지에 이르기는 쉽지 않다.

일단 오랜 기간 동안 해당 분야에 임하는 것은 이후 요구되는 다양한 경험이나 노하우가 축적되기 위한 기본적인 선결조건이다. 일단은 버텨야만 나머지 조건들도 충족될 가능성이 높아진다.

두 번째 조건은 '다양한 경험과 노하우를 학습하고 축적'하는 것이다. 단지 오랜 기간 한 가지 일을 했다고 무조건 장인이 되지는 않는다. 그 안에서 충분히 다양한 상황이나 사건들을 경험하되, 이를 통한 배움과 학습, 그리고 그에 기반한 자기 계발이 병행되어야 한다.

같은 일을 반복하기만 한다고 해서 장인이라고 칭해주지 않는다. 초밥 장인은 밥 위에 올라가는 재료에 대해서 끊임없이 탐구하고 새로운 초밥을 도전하는 과정에서 더 많은 배움과 발전을 이루게 된다. 가죽 장인은 지금까지 다루어 보지 않았던 재료가 없을 정도로 많은 재질의 가방을 다루어 보면서 장인으로 성장하게 된다.

즉, 단순히 오랜 기간을 하는 것 이상으로 다양한 경험과 노하우를 적극적으로 학습하고 그에 따른 자기 계발을 기꺼이 감당해야만 장인의 경지에 이르는 것이다.

세 번째, 마지막 조건은 '절대로 포기하면 안 된다'는 것이다.

한 가지 일을 오랫동안 수행하는 것은 생각보다 쉽지 않다. 일견 단순해 보이는 반복과정 속에서 지루함을 느끼기 쉬우며, 매너리즘에 빠지기도 한다. 그리고 생각보다 일이 잘 안 풀려서 스트레스를 받거나 좌절하기도 한다. 때로는 그 정도가 심하여 포기해 버리고 싶을 때도 있다.

난관에 부딪치더라도 은근과 끈기로 어려움을 해결하고 넘어서는 것이 필요하다. 문제가 생기는 경우 원인을 집요하게 분석하고, 직면한 문제를 해결하기 위해 끊임없이 고민해야 한다. 그리고 이를 통해서 새로운 해결법을 만들어내고, 결국 난관을 극복해 냄으로써 또 한 단계 성장하는 과정을 거치게 된다. 이와 같은 과정을 반복하면서 자신 만의 노하우가 축적될 수 있다.

직장생활에서 장인이 되기

직장생활에서의 장인이 되는 법도 마찬가지이다. 우선은 장기적인 안목과 목표를 가지고 버티는 것이 먼저이다. 그리고 버티는 과정에서 업무적 측면이나 관계적 측면에서 다양한 경험과 노하우를 학습하고 개발하게 된다. 마지막으로 난관이나 어려움에 부딪치더라도 이를 회피하거나 포기하지 않고 맞서 해결하는 과정을 거쳐야 한다.

이 과정을 제대로, 그리고 진지하게 거치면서 직장생활에서의 장인이 되는 것이다. 이를 직장생활이라는 프레임 속에서 다시금 정리하면 다음과 같다.

첫 번째, 버티는 것이 힘이다

생각보다 버티는 것이 쉽지 않다. 나와 더불어 많은 사람들이 역동적으로 만들어 가는 회사라는 조직은 생각보다 난관과 암초들이 많다. 그만큼 버티는 것이 쉽지 않다. 초반부터 나의 기대와 희망과는 다른 현실에 좌절하게 된다. 일단 그 고비를 넘기면 본격적인 성과나 업무와의 싸움이 시작된다. 그제야 본격적인 직장생활이 시작되는 것이다.

일 년 내내 노력을 해야 하거나 혹은 몇 년이 걸리는 프로젝트를 인내와 끈기를 가지고 수행해야 할 때도 있다. 이 과정들을 거치고 나면 내가 기대하는 것만큼 충분한 인정이 오지 않을 수 있으며, 충분한 인정을 받더라도 매너리즘과 싸워야 하기도 한다.

이런 다양한 사건들과 어려운 과정들을 버티고 이겨내는 것이 가장 먼저 할 일이다. 그리고 이런 과정은 생각보다 쉽지 않다. 힘껏 노력해야 이겨내고 버틸 수 있다. 그래서 버티는 것이 힘이다.

두 번째, 스스로의 만족과 성취를 끊임없이 발견하고 향유해야 한다

직장생활이라고 해서 앞서 말한 것처럼 난관과 암초 만이 있는 것은 아니다. 이 냉철한 현실 세계에서 많은 경쟁을 물리치고 이 회사에 들어오지 않았는가?! 내가 목표한 것을 위해 충분히 노력했으며, 그 결과를 얻게 된 것이다! 그 결과를 확인하고 충분히 즐기는 것도 필요하다.

직장생활 과정에서 많은 어려움을 겪는다. 하지만 이런 어려움이 없는 일이 세상 어디 있겠는가? 나 스스로를 시험하고 검증하며, 그 안에서 성장해가는 과정의 일부일 뿐이다. 때로는 좌절하지만 그것을 이겨내고 성과와 성취를 만들어 내는 것이다.

이런 성과와 성취를 즐길 줄 알아야 한다! 내가 노력해서 남들에게 이익이 되는 유용한 상품과 결과를 만들어 냈다. 이를 자랑스러워하라. 이렇듯 가진 것의 소중함과 이룬 것의 가치를 보는 것도 반드시 필요하다. 이 또한 버텨야 얻게 되는 것이다. 쉽게 포기했다면 절대 가지지 못했을 결과들이다.

'생활의 달인'이라는 TV 프로그램이 있다. 개인적으로 좋아하는 프로그램이기도 하며, 시청 과정에서 많은 배움을 얻기도 하는 프로그램이다. 이 프로그램의 출연자 중 만두 빚는 일만 30년을 한 사람이나, 부채 만드는 일을 수십 년 동안 해 왔던 사람들을 보면 저절로 존경심이 생기게 된다. 그런데 가끔 우리는 장인들의 마지막 결과만을 보고 과정은 쉽게 지나치는 경우가 많다. 금메달리스트의 화려한 영광만을 보며, 그 과정이 얼마나 힘들고 어려웠을지에 대해서는 진지하게 생각하지 않는 경우가 많다. 나의 일을 하면서 좋은 결과를 얻고는 싶으나, 과정 상 어려움을 감당할 생각보다는 쉽게 결과를 얻고자 하는 마음을 가지게 된다.

그것은 옳지 않다. 좋은 결과를 얻기 위해서는 그만한 노력과 열정을 기울이는 것이 맞다. 그리고 그 과정에서 생기는 많은 어려움과 난관을 피하지 말고 맞서는 것이 필요하다. 이 과정들 속에서 충분히 담금질이 되고 단련이 되어야만 진정한 장인으로 거듭날 수 있다.

다들 호시절만 있기를 바라지만 현실은 그렇지 않다. 내담자 분이 직장을 그만두고 싶다고 하면 쿨하게 그만두라고 한다. 단, 직장을 그만두고 싶게 한 문제는 해결하고 그만두라고 한다. 입사한 지 1년 만에 상사가 맘에 안 들어서 회사를 다니기 싫다고 하면, 쿨하게 그만두라고 한다. 단, 그 상사와 좋은 관계를 회복하고 그만두라고 한다. 그렇지 않으면 어디에 가서든 상사와의 문제를 겪을 것이며, 그로 인해 떠돌이 직장생활을 할 수밖에 없기 때문이다.

직장생활은 마라톤과 같은 것이다. 장기적인 관점에서의 체력관리와 페이스 조절이 필요한 장기전이다. 내리막 길도 있고, 오르막 길도 있다. 일단은 버티는 것이 힘이다. 버텨야만 성장도 있고 개발도 되며, 궁극적인 성공과 만족도 오는 것이다. 결승선에서의 뿌듯함을 기대하고 버텨라!

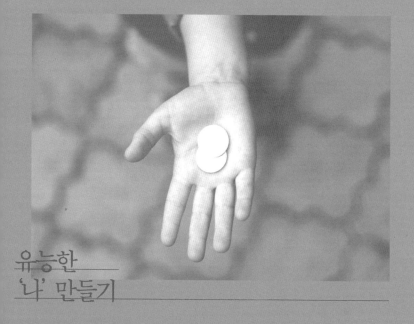

유능한
'나' 만들기

세상에 공짜는 없다. 정말 없다.

어쩌다가 공짜인 것처럼 보이나 알고 보면 공짜가 아닌 경우가 많다. 하다못해 큰 금액의 복권이 당첨되면 그동안 성실했던 내 생활습관이 감소하게 되며, 주변에는 진정한 친구보다 돈 때문에 달려드는 사람들로 둘러싸이게 된다.

'싼 게 비지떡'이라는 표현도 있다. 완전 공짜는 아니라고 하더라도 예상보다 싸게 사는 경우 알고 보면 그렇게 싼 이유가 다 있는 법이다. 인터넷을 통해 중고차를 구입하려 한다면 가능한 한 싼값에 좋은 차를 사고 싶어 하는 것은 인지상정이다. 그러나 시세에 비하여 너무 싼 차의 경우는 99% 사기인 경우가 많다.

이렇듯 세상에 진정한 공짜는 없는 것이다. 이 법칙은 회사와 구성원 모두에게 해당한다. 회사가 직원을 채용하고 일을 시킬 때에는 그에 상응하는 급여를 지불한다. 그리고 구성원은 받은 급여에 대한 노동을 제공한다.

그런데, 조직에서 매기는 가치(즉, 급여 수준)와 내가 기대하는 가치가 서로 일치하지 않는 경우가 많다. 이와 관련된 갈등이 상당히 많으며, 이 문제가 잘 해결되지 않으면 업무와 관련된 나의 동기와 열정에도 크게 영향을 미친다.

유능하고 탁월한 능력을 가지고 있는 직원을 고용하기 위해서는 당연히 높은 급여를 지급해야 한다. 반대로 높은 급여를 주는 회사에 들어가기 위해서는 그에 상응하는 많은 준비를 하고, 다양한 능력을 보유하고 있어야 한다. 나의 가치와 노력에 대한, 소위 '대가'와 관련된 복잡한 셈법이 제대로 정리되지 않으면, 직장생활에서의 몰입이나 열정도 우러날 수 없다.

이에 대한 정리와 새로운 인식이 필요하다.

급여의 의미

급여란 무엇인가? 정의 상으로는 '노동이나 일의 대가로 주는 금전적 보상 및 수당'을 칭한다.

일반적으로 급여라 하면 금전적 차원의 경제적 보상을 말한다. 그리고 금전적 차원에서의 보상이 나의 기대 수준과 어느 정도 맞아야만 한다. 물론 자신의 기대를 100% 만족할 수는 없는 경우가 많다. 하지만 크게 벗어나지 않거나 어느 정도 만족할만한 수준은 되어야만 한다. 이는 기본 전제이다.

하지만 가끔은 세상의 현실에 대해 제대로 알지 못하고 있는 경우도 있다. 왜곡된 정보로 인해 급여와 관련하여 편견을 가지거나 헛된 기대를 하는 경우도 허다하다. 주변에 잘된 친구들만을 쳐다보거나, 항간에 들리는 '~카더라' 통신에만 의지해서 생각하면 그렇게 된다.

신문기사나 인터넷에는 초봉이 5,000만 원이며, 젊은 나이에 임원이 되고 억대 연봉을 받는 직장인 기사들이 넘쳐난다. 이와 같은 편향된 정보들에 기초한 헛된 기대는 나의 현실을 좌절하게 만든다. 그런데 진짜 현실은 어떨까?

직장인만 기준으로 놓고 본다면(2018년 기준, 2019년 국세통계연보) 1억 연봉 초과자는 80만 2천 명으로 전체 직장인의 4.3%에 불과하다. 또한 전 근로자의 평균 급여는 3,647만 원이다. 이는 신입사원부터 시작해서 임원까지를 모두 포함한 숫자이다.

만약 정년을 60세라고 가정한다면, 모든 근로자 중 연봉이 5,000만 원이 넘기기도 힘든 게 현실이며, 이것마저도 직장생활을 몇십 년 해야 받을 수 있는 급여 수준이다. 만약 본인의 급여가 3,650만 원이 넘는다면 평균보다 높은 수준을 받고 있는 것이다. 충분히 스스로를 칭찬하고 즐거워해도 된다.

냉정하게 따져보자면, 연봉이 1억이 넘으려면 우리 회사 내에서 상위 5%(임원 포함) 내에 들어야 한다. 일반적으로 대기업의 경우 100명의 신입사원이 입사한다고 가정했을 때 임원이 되는 비율은 1~2% 내외이다. 게다가 정년퇴직으로 직장을 퇴사하는 비율은 12.7%에 불과하다(공기업 및 공공기관 포함).

즉, 특별한 직종을 제외하고는 임원이 되거나 혹은 정년퇴직에 가까울 정도로 오랜 기간 동안 근무하지 않고서는 억대 연봉이란 빛 좋은 개살구인 것이 현실이다. 이와 같은 현실을 제대로 인식하지 않는다면 현재 자신의 급여가 불만스러울 수밖에 없는 것이다.

만약 내가 우리 회사에서 경력 상 오래 근무한 순서로 보았을 때, 50% 이내가 아니며(30살에 시작해서 60까지 정년을 채운다고 가정할 때, 45세 정도), 상위 10% 이내에 드는 우수한 성과나 실적을 보이지 않는다면(단, 45세 이하라면 상위 5% 이내여야 함), 억대 연봉은 그림의 떡이다.

반면 억대 연봉을 받는 사람들 중 상당수는 계속해서 억대 연봉이 보장되는 것도 아니다. 철저한 정년 보장이 되어 있지 않은, 능력에 따른 급여 체계여서 실적을 채우거나 성과를 유지하지 못하면 바로 잘리는 경우도 많다. 잘리지 않기 위해서는 억대 연봉에 상응하는 업무 압박에 내내 시달려야만 하는 것이 현실이다.

이렇듯 현실은 냉정하고 차갑다. 냉정한 현실에 대해 거품과 환상을 가지고 있다면 그것부터 버려야 한다. 그래야만 합리적인 대화를 시작할 수 있다. 어찌 보면 정년을 채우고 퇴직하는 것만 해도 상위 10% 이내 만이 누릴 수 있는 호사인 것이다. 종합적인 관점과 합리적 판단이 필요하다.

직장을 다녀야 하는 이유

그럼에도 불구하고 과연 직장을 계속 다녀야 하는가? 현실적인 급여 수준이 불만족스럽다면 대안을 찾으면 된다. 본인이 사업을 하거나 장사를 하면 된다. 그런데 과연 사업이나 장사는 대안으로써 만족스러울까? 아마도 그렇지 않을 것이다.

정해진 날짜에 월급이 나오는 것이 편할 것 같은가, 아니면 정해진 날짜에 수십 명의 급여를 마련하는 것이 쉬울 것 같은가? 그 많은 급여를 벌려면 정시 출근과 정시 퇴근이 가능할 것 같은가, 아니면 밤낮없이 뛰어다녀야 할 것 같은가?

주변을 둘러보면 이와 관련된 사례들은 금방 찾을 수 있다. 단, 주변의 성공사례만을 편향되게 보는 오류는 범하지 마라. 창업 후 3년 이상을 버티는 경우는 20%도 되지 않는다. 감당할 수 없을 정도의 빚만 남는 것이 대부분의 현실이다.

그럼 어떻게 하라는 것인가? 그것은 당신이 선택하는 것이다. 현재의 급여에 만족하지 못하고 불만이 가득하면서도 딱히 대안이 없어서 현재에 머물 것인지, 아니면 보다 객관적인 시각과 판단으로 나의 현재 가치를 높여 성공 가능성을 증가시키는데 집중할지 중에서 선택을 해야 한다.

기본적으로 급여는 조직에서 정하는 것이다. 조직에서 기대하는 수준과 역할이 있으며, 이에 따른 적정한 보상 수준에 대한 가이드를 보유하고 있다. 직무 특성이나 성과 수준에 따라 일차적으로는 조직에서 급여 수준을 정한다.

그런데 만약 당신이 독특한 자신 만의 가치를 보유하고 있다거나 다른 사람으로 대치 불가능한 자질을 가지고 있다면 어쩔 수 없이 급여를 높여서라도 당신을 잡으려고 할 것이다. 만약 조직이 그런 대우를 해주지 않는다면, 충분한 대우를 해주고서라도 당신을 데려가려고 하는 회사들이 널려 있을 것이다.

게다가 직장생활에서는 경제적 의미의 급여 외에도 다른 차원의 보상들이 있다. 많던 적든 간에 이 직장을 다니고 급여를 받음으로써 나의 가정과 생계를 유지할 수 있는 경제적 수단을 확보하는 것이 가장 먼저이다.

그러나 이 외에도 직장생활을 통해 회사 내 혹은 회사 밖에서 당신의 사회적 지위를 인정받을 수 있다. 당신의 명함이 가지는 사회적 의미를 소홀히 생각하지 마라. 당신의 명함은 당신이 지금까지 얼마나 많은 노력을 하고 열심히 살아왔는지를 대변해준다.

또한 당신이 한 조직에 몸 담으며 업무를 수행하는 과정에서 지속적인 교육과 육성이 이루어지며, 스스로 발전하고 성장하게 된다는 점도 반드시 기억하라. 때로는 번거롭고 귀찮지만 시대의 흐름에 따른 변화에 나를 적응시키고 생존하도록 하는 교육적 기능이 있음을 기억하라.

즉 단순한 경제적 의미의 급여 말고도 내가 직장생활을 지속하는 것이 유익한 이유들은 많다. 다양한 종류의 보상과 일의 의미를 고려한 종합적인 판단과 대응이 필요하다.

나의 가치를 높이는 데 집중하라

'남의 떡이 커 보인다'는 속담이 있다. 신문기사에 난, 나보다 좋은 상황에 있는 사람들만을 쳐다보면서 사는 것은 본인에게 전혀 이로울 것이 없다. 이와 같이 편향된 접근은 나의 현재에 대한 불만족을 높이고 현실에 대한 불만만 키울 뿐이다.

비록 불만족스러운 부분이 있다고 하더라도 넓고 균형적인 시각으로 현재를 재조명하여 최선과 차선의 방법들을 적용하는 것이 현명하고 지혜로운 접근이다. 이를 위한 구체적인 방법들은 무엇일까?

그 첫 번째는 종합적 관점에서 자신의 현재를 재조명하는 것이다

현재 내 상황에서의 만족 요인과 불만족 요인을 리스팅하고 비교해 보라. 작더라도 현재 상황에서 의미가 있는 가치들에 대해서도 생각해보라. 그리고 현재 자신에게 있어서 동기를 저하시키는 요소들도 기록해 보라. 당신이 앞으로 해야 할 일과 과제들이 보일 것이다.

만약 상대적으로 작은 회사라면, 아마도 당신은 다른 친구들에 비해 충분히 많은 재량권을 보유하고 있을 것이며, 중요한 역할을 담당하고 있을 가능성이 높다. 그리고 당신이 어떻게 하는지에 따라서 회사를 성장하게 만들고, 그 과정에서 큰 기여를 할 가능성도 높다. 많은 사람들로 구성된 큰 조직의 일부가 아닌 분명한 역할이 있는 것이다.

그래도 당신의 급여가 만족스럽지 않고 개선 가능성도 없다고 한다면, 현재 직장에서 당신의 실력을 높여 다른 회사로 점프할 계획을 수립하라. 현재가 불만족스럽더라도 더 높은 단계로 나아갈 수 있는 디딤돌로의 가치는 있는 것이다.

두 번째는 스스로의 가치를 높이라는 것이다

당신의 현재 직장이 끝이 아니다. 정년이 60세라고 가정한다면, 30

대의 경우는 20년 이상의 직장생활을 해야 하며, 40대라고 하더라도 10년 이상의 직장생활을 해야만 한다. 그리고 정년 이후의 삶까지 생각한다면 당신은 이제 시작 단계이거나 반 정도 직장생활을 마쳤을 뿐이다.

아직도 당신에게는 충분한 시간이 있기도 하며, 더욱 노력해야 하기도 한다. 좀 더 장기적인 안목과 목표를 가지고 스스로의 가치를 높이는 노력과 실행이 필요하다. 이것이 바로 당신이 해야 할 현명한 선택인 것이다. 현재 당신이 경험하는 좌절이나 불만족은 더 큰 성공을 위한 밑거름이 될 수도 있다. 다시금 스스로를 되돌아보고 새롭게 노력하고 성장하는 계기로 만들라.

당신이 몸담고 있는 조직의 사장이라고 생각해 보라. 당신에게 어떤 보상을 해주고 어떻게 대우를 하고 싶을지에 대해 냉정하게 판단해 보라. 단, '저는 알고 보면 내적인 열정이 높아요!', '저는 보이는 것보다 유능해요!'라는 말은 통하지 않는다.

지금까지 얼마나 분명한 성과와 결과를 보였는지에 기초해서만 판단해 보라. 그래도 억울하고 분하다면 나를 제대로 대우해주는 다른 회사로 가면 된다. 만약 그런 회사가 없다면, 당신의 가치에 대해서 스스로 잘못 평가하고 있을 가능성이 높다.

나의 가치는 시장이 매겨주는 것이다. 내 스스로 생각하는 가치가 나의 진정한 가치가 아닐 수도 있다. 냉정한 시장 가치와 내 스스로 평가하는 자신의 값이 서로 다를수록 문제가 발생한다. '만약 내가 지금 다른 회사에 취업을 하려고 지원서를 낸다면?', 혹은 '헤드헌터에게 나의 이력서를 보낸다면?'이라고 생각하면 간단히 결론이 난다.

내가 생각하는 가치가 높다고 생각할수록 현실은 불만과 좌절이 생길 수밖에 없으며, 이로 인해 더 좋은 결과를 보이지 못하게 된다. 냉정한 시장 가치에 근거해서 나를 판단할 때 나의 성장과 개발이 시작된다. 이를 통해 더 가치 있는 나를 만들 수 있는 것이다.

선택하라! 불만과 좌절의 길을 갈지, 아니면 더 나은 미래를 위해 노력할지!! 아마도 당신의 10년 후는 상당히 달라져 있을 것이다!

유능한
'나' 만들기

행운이라는 말은 항상 기분이 좋다. 단, 나에게 행운이 왔을 때 그렇다. 딴 사람에게 온 행운은 별 의미가 없으며, 때로는 배가 아플 수도 있다.

만약 나에게 행운이 온다면, 아마도 기분이 매우 좋고 행복해지기 쉬울 것이다. 회식 후 들뜬 기분에 평상시에는 거들떠보지도 않던 로또를 샀는데, 이 로또가 당첨된다면 얼마나 즐거울 것인가?

이와 같이 내가 하는 일들이 운 좋게 잘되기를 바라는 것은 당연하다. 하긴 나쁜 결과가 오는 것보다는 좋은 결과를 얻게 되는 것은 항상 좋으니까^^

'운'에 대한 사전적 정의는 '어떤 일이 잘되어지는 운수'이다. 즉, 운이라는 것은 자신이 들인 노력에 비하여 좋은 결과를 얻게 되는 것이다. '행운'이라고 하면 이와 같은 '운'이 '예상하지 않았을 때' 혹은 '예상하기 힘든 상황'에서 좋은 결과를 얻는 것이다. 그래서 투자한 돈에 비하여 거액의 당첨금을 받는 복권은 단순히 '운'이라고 하지 않고 '행운'이라고 한다.

그런데 과연 정말 이 '운'이라는 것이 있을까? 만약 있다고 가정하더라도 이는 내가 관리하거나 통제할 수 있는 범위를 넘어서는 하늘의 뜻(?)이거나 신의 경지에서 작동하는 원리일 것이다. 인간의 범주를 넘어서는 영역이다.

그럼에도 불구하고 우리는 주변에서 대체로 운이 좋아 보이는 사람들이나 행운이라 생각되는 사례를 종종 보게 된다. 더 정확히 말하면 이는 단순한 운이 아니라 '운 좋은 발견' 혹은 '뜻밖의 발견' 등을 의미하는 "Serendipity"에 더 가깝다. 즉 준비되고 자격을 갖추고 있어 기회를 잡았을 가능성이 더 많은 것이다.

진정한 우연은 없다

진정한 우연이나 행운이 있는지는 모른다. 아마도 그것은 신만이 알 것이다. 통계적이나 과학적으로 검증이 가능하지도 않다. 그렇다고 하면 차라리 '진정한 우연이나 행운은 없다'고 생각하고 사는 것이 차라리 낫다.

왜냐하면 가능성이 낮은 '행운'을 진지하게 기대하는 순간 필연적으로 좌절과 실망이 동반되기 때문이다. 복권은 재미로 사거나 복권기금으로 하는 좋은 사업에 보탬된다는 마음으로 사는 것이다. 복권 1등에 꼭 당첨될 것이라고 기대하는 순간, 실망과 아쉬움만 남게 된다. 차라리 벼락 맞기를 기대하는 것이 더 현실적이다. 왜냐하면 확률 상 벼락 맞을 확률이 복권에 당첨될 확률보다 높으니까!

특히 직장 내에서 일어나는 일들은 더욱 그러하다. 충분한 준비나 자격을 갖추고 있지 않은데 오는 행운은 없다.

Serendipity의 전형적인 사례로 페니실린을 발견한 플레밍의 사례를 꼽는다. 배양실험을 하는 도중 "실수로" 잡균인 푸른곰팡이를 혼입하여 페니실린이라는 항생물질을 발견하였다고 한다. 하지만 이 사건은 단순한 우연이나 행운이라고 보기 어려운 점들이 있다.

우선 플레밍은 관련 분야의 전문가였으며, 끊임없는 실험과 연구를 수행하는 과학자였다. 또한 자신의 실수에 대해서도 단순히 잘못되었다고 생각하기보다는 그로 인해 발생하는 새로운 결과에 대해 흥미와 관심을 가지고 끝까지 지켜보았기 때문에 얻을 수 있었던 결과였다.

마찬가지로 내가 팀을 옮기고 싶어 하던 차에 '내 마음에 꼭 드는' 사내 이동 자리가 나서 옮기게 되는 것은 분명히 '운'이 좋은 것이 맞다. 하지만 아무리 좋은 자리가 생기더라도, 이전부터 그 자리에 가는데 필요한 자격을 갖추기 위해 노력해 오지 않았다면 그 자리에 가는 것은 불가능하다.

프로젝트를 수행하면서 난관에 부딪쳤을 때 생각지도 않았던 타인의 도움으로 문제가 해결되는 경우에도 '운'이 좋다고 말할 수 있다. 그러나 그전에 지속적으로 도움 제공자와의 네트워크가 유지되어 있어야만 가능한 일이다. 그리고 어려움 속에서도 포기하지 않고 다양한 해결방법을 모색하는 노력도 필요하다.

우리가 생각하는 만큼의 진정한 우연과 행운은 없다. 우리에게 찾아오는 행운은 저절로 오는 것이 아니며, 준비되고 노력하는 자에게 오는 일종의 '낮은 확률의 보상'인 것이다.

장기적 관점과 열린 사고의 중요성

준비된 자에게 주어지는 행운, 즉 "Serendipity"를 얻지 못하는 방법이 있다. 그것은 바로 현재, 그리고 내 업무에만 집중하는 것이다.

주변의 여러 가지 상황이나 요소들에 대해 종합적이고 넓은 시각을 가지지 못하면 행운은 오지 않는다. 또한 나에게 발생할 수 있는 다양한 가능성이나 기회에 대해 장기적 관점에서의 시각과 조망을 가지려고 노력하지 않는다면 그 기회를 놓칠 수밖에 없다. 다른 것은 보지도 않는 폐쇄적이고 제한적 관점에서, 내 일에만 초점을 두고 있을 때에는 "Serendipity"를 얻을 수 없다.

시의적절하게 "Serendipity"를 얻을 수 있는 첫 번째 방법은 장기적 관점의 경력개발 마인드를 가지고 있는 것이다. 현재 나의 일은 물론 나의 유관 업무에 대한 폭넓은 시각을 가져야만 한다. 더불어 여러 분야를 아우르는 통합적 관점도 필요하다. 이런 시각과 관점은 장기적 경력개발 과정에서 나오는 결과들이다.

즉, 현재의 업무를 철저하게 마스터함과 동시에 보다 높은 수준의 전문성을 갖추기 위한 업무 확장 영역이나 다음 단계의 경력개발 관점을 보유하고 있어야 한다. 그래야 나에게 온 좋은 기회를 덥석 잡을 수 있는 것이다.

두 번째 방법은 다양한 가능성 및 기회에 대한 개방적 시각과 수용적 태도가 있어야 한다. 현재 업무 방식이나 솔루션을 고수해서는 새로운 기회와 행운을 잡을 수 없다.

현재 나의 방식에 대해 건강한 문제의식을 가지고, 어떻게 개선할 수 있을까 하는 고민을 하는 사람은 새로운 접근법이나 기회를 놓치지 않는다. 그리고 '그건 안돼!!'라는 폐쇄적이고 보수적 관점으로는 새로운 기회를 얻을 수 없다. '이런 방법이??!!'라는 수용적이고 개방적인 태도를 가지고 있을 때 새로운 발견이나 기회를 잡을 수 있을 것이다.

준비된 자만이 기회를 얻는다

하지만 행운은 평생 안 올 수도 있다. 행운이 오면 좋겠지만, 안 온다고 해서 누구를 탓할 수 있는 것은 아니다.

하지만 끊임없이 노력하고 준비하는 자에게는 행운을 잡을 수 있는 가능성이 높아진다. 그리고 굳이 행운이 오지 않더라도 미리 준비하고 노력하는 과정에서 행운까지는 아니어도 많은 것을 얻을 수 있다. 준비하고 노력하는 과정에서 새로운 학습과 자기 계발이 이루어지기 때문이다.

준비된 자가 되기 위한 최우선 선결 조건은 당연히 현재의 업무에 충실한 것이다. 자신의 위치에서, 자신의 직무에서, 최고의 전문가가 되기 위해 노력하는 것이다. 실제 한 업무 분야를 완벽하게 마스터하는 것만도 쉬운 일은 아니다. 상당히 오랜 기간 동안 공들이고 에너지를 모아야 하는 일이다.

하지만 이것 만으로는 충분하지 않다. 왜냐하면 세상은 너무도 빠르게 변화하고 있으며, 새로운 배움과 변화에 대한 적응은 끝이 없기 때문이다. 이와 같은 변화 속에서 생존하기 위해서는 장기적인 관점과 열린 사고가 필수이다.

단지 행운을 얻기 위해서가 아니라 스스로의 미래를 위해 끊임없이 준비하고 노력하는 것이 필요하다. 급격한 변화 속에서 빠르게 변화에 대처하고 스스로를 업그레이드시키기 위해서는, 사전에 충분한 준비를 해야 한다. 자신의 분야에 대한 폭넓은 지식과 고민은 신규 프로젝트에 적극적으로 참가해 선도적인 역할을 수행함으로써 얻을 수 있는 것이다.

직장인의 경력 상 일정 기간이 경과하면 리더가 될 수도 있다고 생각하고, 이에 대해 항상 준비하는 사람은 일반적인 팀원과는 다른 행동을 보이게 된다. 그리고 어느 때라도 리더가 될 기회가 주어진다면 이 기회를 잡을 수 있다. 그리고 빠른 시간 내에 리더 역할에 적응할 수 있는 것이다.

즉, 준비된 자가 행운을 잡을 기회를 얻게 된다. 행운처럼 보이는 기회란 동등한 것이 아니다. 준비된 자만이 잡을 수 있는 조건적 기회이다. 준비되지 않은 자는 행운이 주어져도 잡지 못한다. 혹시 기회를 잡는 것처럼 보이지만 궁극적으로는 좌절과 실패의 가능성만 남을 것이다.

당신이 어렸을 때를 생각해보라. 그리고 당신이 신입사원이었을 때를 생각해보라. 그리고 바로 10년 전, 아니 5년 전만이라도 되돌아보라. 그동안 세상이 얼마나 많이 바뀌고 변화하였는가? 업무를 처리하는 방식은 물론 사람들과의 관계 패턴, 그리고 성공 코드도 끊임없이 변화해 왔다.

그리고 앞으로 10년 후는 어떻게 될 것이지도 상상해보라. 아마도 가늠조차 안 될 것이다. 확실한 것은 매우 많이 변할 것이라는 점 하나뿐이다. 그리고 그 변화의 속도나 정도는 지금까지의 변화에 비하여 훨씬 큰 가능성이 높다.

이와 같은 급격한 변화 속에서 나 스스로를 지키고 나의 가치를 유지하는 방법은 무엇일까? 항상 준비된 마음과 태도로 미래를 계획하고 그와 관련된 노력을 기울이는 것이다.

많은 사람들이 마음속으로는 성공을 원하지만 그에 대한 실제적인 준비를 하지 않는 경우가 많다. 이에 대해서 스스로의 노력 부족이나 준비되지 못함을 애통해 하기보다는 남 탓을 하거나 기회가 오지 않는 나의 운명을 탓하기도 한다. 이것은 적절하지 못한 해석이다.

앞으로의 비즈니스 세계를 예측하고 그에 대해 항상 준비하는 마음, 직장 생활에는 이것이 필요하다. 이는 스스로를 성장하게 하고 변화에 빨리 적응할 수 있는 원동력이 된다. 이와 같은 마음가짐과 노력하고자 하는 태도만으로도 충분하다. 그렇게 노력하다 보면, 어느 순간에 남들은 잡지 못하는 행운을 잡을 기회도 많아진다.

함부로
사표를
던지지 마라

직장의 기본적인 속성 중 하나는 많은 사람들이 함께 일을 한다는 점이다. 각양각색의 다양한 사람들이 함께 모여, 서로 여러 가지 상호작용을 하게 된다. 그 안에는 기쁨과 즐거움도 있지만, 갈등과 문제도 발생한다. 또한 나와 코드나 취향이 맞는 사람도 있지만, 왠지 불편하고 꺼려지는 사람들도 존재한다.

특히 직장은 일반적인 대인관계와는 달리 나름대로의 목표와 방향을 가지고 있는, 첨예한 이해관계로 얽혀있다. 이로 인해 일반적인 대인관계와는 다른 속성들을 보이게 된다. 성과라는 목표가 매우 분명한 이익집단이며, 위계나 역할이 분명히 존재한다. 이런 속성들로 인해 일반적 대인관계와는 다른 대처와 해법이 필요하게 된다.

더불어
살아가기

: 직장인의 대인관리

16
기대어 사는 것이 "人"의 生이다

박과장의 고민

"저는 아무래도 사람들과의 관계가 불편해요. 특히 동기인 김과장이 무슨 말을 하면 아예 상대하기가 싫어요. 그 친구가 지난번 회의 때에도 제가 말이 끝나자마자 바로 제 의견을 무시하는 발언을 했거든요. 마음 같아서는 저도 되받아쳐서 민망하도록 만들어주고 싶었지만 머뭇거리는 사이에 회의가 끝나버렸어요. 그리고 난 후 저랑 같이 밥 먹으러 가자고 하는 걸 보면 정말 더 화가 난다니까요."

상담이나 코칭 장면에서 흔히 듣게 되는 동료와의 갈등 사례이다. 당신은 동료나 부하직원이 이와 같은 얘기를 했다면 이에 대해서 어떻게 반응해줄 것인가? 과연 적절한 반응은 무엇일까? 이 사례에서 박과장이 문제일까, 아니면 김과장이 문제일까? 그래도 어렵게 얘기를 꺼낸 박과장을 위해서 지지와 격려를 해준다고 하면 무엇이라고 얘기할 것인가?

간단해 보이는 위 사례에서도 우리는 수많은 다른 반응을 하게 될 것이다. 어떤 사람은 이를 잘 해결하는 경우도 있지만, 또 다른 사람은 잘못된 접근으로 인해 어렵게 얘기를 꺼낸 박과장의 마음에 더 큰 상처를 줄 수도 있다.

가장 중요한 것은 이상과 같은 고민이 있을 때, 이를 탁 터 놓고 얘기할 수 있는 동료가 있어야 한다는 점이다. 이런 고민을 털어놓고 상의하며 아픔을 나눌 수 있는 사람이 있다는 것은 내 직장생활의 활력소요 버팀목이다.

그런데 이런 친구를 그냥 얻을 수 있는 것은 아니다. 앞서 논의했던 고민 사례에 대해서도, 일견 간단해 보이지만 수많은 대안과 접근 방법이 있다. 그리고 그중에서도 어떤 것들은 진정한 위로와 힐링을 주지만 어떤 반응들은 오히려 화를 부추기기도 한다. 이렇듯 사람이란 서로 기대어 사는 것이기는 하나 기대는 것에도 많은 노하우와 지혜가 필요하다.

직장인의 행복 요인은? 성과! 그리고 대인관계!

직장인을 대상으로 한 설문조사에서, '직장생활 중 만족감과 행복감을 느끼는 요인은 무엇인가?'라는 질문에 1위 답변은 "성과"였다. 이는 직장이라는 곳이 과제 중심적이고 성과를 내기 위해 모인 목적적 관계라는 측면에서 보면 당연한 결과라고 하겠다.

그렇다면 성과를 제외하고 난 후 직장인들이 가장 행복감과 만족감을 느끼는 요인은 무엇일까? 그것은 바로 '대인관계'이다. 즉 사람들과의 관계에서 가장 행복감을 느낀다고 보고하였다. 어떤 목적으로 모인 집단이든지 간에 사람들끼리 모여 있는 곳에서 사람 관계란 만족감을 주고 어려운 현실을 이겨내는 바탕이 된다.

그럼 직장인들의 스트레스 요인 1위는 무엇일까? 그 또한 인간관계이다! 특히 그중에서도 상사와의 관계에서 가장 많은 스트레스를 느낀다고 보고 하였다. 상사라는 역할 자체가 나를 통제하거나 지시하는 입장인 경우가 많다. 따라서 상사와는 필연적으로 갈등이 발생할 수밖에 없다.

또한 상사 외 다른 이해관계자나 동료, 그리고 고객들과도 갈등의 소지가 많으며, 이로 인한 스트레스가 발생하게 된다. 즉 사람들이 모여서 일하는 곳에서의 최고 스트레스 또한 사람들 사이에서 발생하는 갈등이나 대립인 것이다.

이렇듯 사람들 사이의 관계라는 것은 좋은 쪽으로도, 그리고 안 좋은 방향으로도 한 사람의 생활에 영향을 미치는 가장 큰 요인이라고 할 수 있다. 대인관계를 잘 관리하거나 대처하면서 좋은 관계를 맺는다면, 어떤 모임이나 집단에서든 잘 지낼 가능성이 높아지게 된다.

반면에 사람들과 계속해서 반목이 생기거나 갈등이 발생한다면 이는 가장 큰 스트레스의 근원이다. 결과적으로 일이나 속해 있는 모임에 대한 열정과 흥미를 감소시키는 원인이 되기도 한다. 이것이 바로 기대어 사는 방법을 배워야 하는 이유이다.

수다! 가장 좋은 직장인의 스트레스 해결방법!

직장인의 스트레스를 해결하기 위한 가장 좋은 방법은 무엇인가? 그것은 바로 '수다!'이다. 즉 내가 믿고 의지할만한 타인들에게 내 마음과 어려움을 토로하는 것이 가장 건강한 스트레스 해결 방법인 것이다.

그런데 문제는 그런 사람이 내 주변에 있는가 하는 것이다. 만약 그런 사람이 주변에 없다면 결국 '수다'란 그림의 떡일 뿐이다.

대인관계와 관련된 강의 중 "내가 힘들 때 속 시원하게 터 놓고 얘기할 수 있는 친구가 있습니까?"라는 질문을 던질 때가 있다. 이 질문에 대한 당신의 대답은 무엇인가? 만약 이 질문에 대해서 "Yes"라고 대답할 수 있다면 당신은 행복한 직장인이다. 그리고 그 친구들은 앞으로도 당신의 소중한 자산이 될 것이다.

그러나 같은 질문에 "No"라고 대답할 수밖에 없다면, 당신은 직장에서 외로움을 쉽게 느끼거나 고독해질 것이다. 어떤 중요한 선택이나 결정이 필요할 때에도 스스로 결정해야 하며, 지치고 힘들 때에도 사람으로부터의 위로와 힐링을 받기는 어렵다.

이와 같이 대인관계라는 것은 직장생활을 즐겁고 행복하게 살아가는 데 있어서 가장 핵심적 요인이며, 동시에 힘들고 어려울 때 위로받고 힐링하는 가장 중요한 원천이기도 한 것이다. 그럼에도 불구하고 우리는 이와 같은 대인관계의 중요성이나 의미를 종종 잊고 산다.

효과적이고 긍정적인 대인관계가 가능한 경우 일의 효율성이 높아질 뿐만 아니라 직장에서의 만족감도 높아지게 된다. 반대로 대인관계 스킬이나 노하우가 부족하면, 대인관계 상에서 갈등이나 대립을 쉽게 경험할 가능성이 높으며, 갈등이나 문제를 해결하는 능력도 취약하다.

더불어 사는 지혜

결국 사람은 서로 기대어 살고, 서로 관계하며, 서로 교류할 수밖에 없다.

물론 개인마다 대인관계에 대한 관심 수준이나 동기, 그리고 실제적인 교류나 관계 스킬 상의 차이가 있다. 그러나 분명한 것은 깊은 산속에서 혼자 살 것이 아니라면 어떤 식으로든 사람들과 더불어 살아갈 수밖에 없다는 점이다.

기왕 그래야 한다면, 잘하는 것이 좋지 않겠는가? 즉, 자신의 사람 관계 패턴이나 성향, 그리고 그에 따른 특징이나 장단점을 잘 아는 것이 필요하며, 그에 따른 효과적인 대응이나 개선도 필요하다. 그것이 올바르게 기대어 사는 방법이다.

그럼 사람들끼리 잘 기대고 더불어 사는 방법은 무엇일까?

그 첫 번째는 자신의 스타일에 대해서 명확하게 이해하는 것이다

대표적인 구분 방법은 외향적 성격과 내향적 성격으로 구분하는 것이다. 외향적 성격의 사람들은 다양한 사람들과 폭넓은 관계를 맺고자 하며, 관계를 맺는 기술도 우수한 경우가 많다. 반면에 내향적 성격의 사람들은 소수의 대상들과 관계를 맺는 경향을 보이나, 실제적인 관계의 깊이나 질은 더 좋은 경우가 많다.

과연 어떤 접근이 더 좋은 것인가? 아마도 정답은 없을 것이며, 어떤 성격이 좋고 어떤 성격이 안 좋다고 단정할 수 없다. 그러나 외향적 성격의 사람도, 그리고 내향적 성격의 사람도 세상을 살아가면서 다른 사람들과 함께 해야 하며, 함께 어울려 가는 방법이 서로 다른 방식일 뿐인 것이다.

두 번째 방법은 나와 다른 스타일의 사람들을 이해하고 수용할 줄 아는 것이다 자신을 이해하는 것보다 더 중요한 것은 나와 더불어 살아가는 상대방의 성격과 얼마나 맞추고 조절해 갈 수 있는지가 더 중요하다.

비슷한 성격의 사람들은 서로 이해가 쉽고 행동방식이 유사한 경우가 많다. 그런데 반대의 성격을 가진 사람의 경우에는 왜 그런지 이해를 하기도 쉽지 않으며, 상대방을 인정하기보다는 자신의 스타일에 맞추어 주기를 기대하는 경우가 많다. 그래서 갈등이나 문제가 발생하는 경우 더욱 해결이 어렵게 될 가능성이 높다.

외향형과 내향형의 사람들은 자신이 가지지 못하고 부족하다고 생각되는 다른 스타일의 성향을 보이는 상대에 대해 쉽게 매력을 느낀다. 하지만 갈등 시에는 서로의 다름이 효과적인 소통과 교류를 방해하는 원인이 되기도 한다. 즉, 서로 간에 이해하고 수용하는 지혜가 없다면 결국 대립과 상처 만이 남게 되는 것이다.

자전거를 처음 배울 때가 생각나는가? 혹은 운전을 처음 할 때 얼마나 힘들었는지 기억하는가? 자전거나 운전의 경우 처음부터 잘했던 사람은 아무도 없을 것이다. 자전거를 처음 배울 때는 수많은 넘어짐과 쓰러질 것 같은 두려움을 겪게 된다. 운전을 처음 배우면서는 옆 차들의 빵빵거림에 익숙해지는 것부터 적응해야 한다.

어떤 일이든 처음에는 어색하고 낯설며, 상당한 노력을 통해 충분히 연습해야만 내 것이 된다. 마찬가지로 대인관계와 관련된 스킬이나 노하우도 마찬가지이다. 처음에는 다소 어렵고 시행착오를 겪을 수 있으나 나중에는 자신의 유용한 자산이 될 것이다.

일단 자전거를 배우거나 혹은 운전을 배우고 나면, 그다음에는 쉽게 잊히지 않는다. 오랜만에 자전거를 타더라도 몸이 그 움직임을 기억하고 있게 된다. 운전의 경우에도 차에 익숙해지기만 하면 금방 능숙한 운전 솜씨를 뽐내게 된다.

한번 학습하고 개발한 대인관계 스킬은 평생 써먹고 활용할 수 있다. 왜냐하면 어찌 되었건 우리는 평생 누군가와 함께, 그리고 서로 기대어 살아가야 하는 상황 속에서 행동하기 때문이다.

사람은 각자 자신 만의 특징과 성향을 가지고 있다. 어떤 사람은 대인관계에 관심이 많으며, 사람 관계에 많은 에너지를 쏟는다. 대인관계에서 만족과 즐거움을 얻기도 하지만, 동시에 상처와 서운함을 많이 경험하기도 한다. 그 반대의 경우도 있다. 대인관계에 대한 관심 자체가 부족할 뿐 아니라 최소한의 관계 이상으로는 에너지를 투자하지 않고 싶어 하는 사람도 있다. 이런 경우에는 대인관계에 무관심한 반면에 본인은 정작 관계 상 갈등이나 문제를 덜 겪는다고 느낀다.

어떤 경우라도 정답은 없으며, 본인이 스스로 노력하는 정도에 따라 그 결과는 달라질 것이다. 분명한 것은 기대지 않고 사는 방법은 없다. 어차피 그래야 한다면?, 좀 더 적극적으로 그리고 '잘!!' 기대야 하지 않을까?! 이것이 대인관계 연습과 훈련이 필요한 이유이다!

17
진정한 친구가 필요하다

"저는 사람들을 대할 때 진정성을 중요하게 봅니다. 우선 내가 진심으로 사람들을 대할 때, 그들도 저에게 진심으로 대할 것이라 생각합니다. 그런데 가끔씩은 저에게 배신감을 주는 사람들이 있습니다. 저의 진심을 배신하고 단지 이용해 먹거나 형식적으로 대하는 사람들을 보면 실망감을 금할 길이 없습니다. 그러면 안 되는 것 아닌가요? 이런 사람들을 어떻게 대해야 할까요?"

세상살이는 기본적으로 더불어 사는 것이다. 그래서 사람 관계란 큰 즐거움의 원천이기도 하지만, 큰 갈등과 상처의 근원이기도 하다. 즐거움만 주고 갈등이나 상처가 없으면 얼마나 좋으련만, 그런 관계는 매우 드물다.

아무리 친한 친구도 오랜 배낭여행을 다니며 같은 방을 사용하다 보면, 99% 의가 상하는 일이 생기기 마련이다. 또한 평상시에도 어떤 부분에서는 서로 스타일이 안 맞아 자꾸 부딪치기도 한다. 그래도 인생 살면서 좋은 친구라고 생각되는 몇 명이 있다면 충분히 성공한 인생이요, 살아가면서 큰 위로와 지지가 될 것이다.

직장생활에서도 마찬가지이다. 기본적으로 직장생활이란 일을 하는 것이며 역할을 수행해야 하는 것이다. 나름대로의 성취 및 보람과 더불어 상당한 심리적 에너지를 소비하고 지쳐버릴 때도 있다. 이런 직장생활을 이해하고 공감해주는 사람이 없이, 혼자서 극복하고 이겨내야 한다고 생각해 보라. 그 길이 더욱 외롭게 느껴지지 않겠는가?

직장생활에서 나의 일과 고단함을 이해해주고, 힘들고 어려운 마음을 공감해주며, 내 기대나 요구에 딱 맞는 지지와 격려를 해줄 수 있는 친구가 있다면 어떨까? 그래도 살맛 나는 직장생활이 될 것이며, 즐거움과 만족이 좀 더 늘어날 것이다. 그래서 진정한 친구는 어떤 상황에서든 나의 보약이자, 에너지원이 되는 것이다.

'진심'과 '진정성'을 포기하라

그런데 과연 직장이라는 곳에서 '진정한' 친구라는 것이 가능할까?

결론부터 얘기하면 '불가능하다'가 정답이다. 왜냐하면 직장이란 성과라는 목적을 위해 모인 2차적 관계의 집단이기 때문이다. 즉 직장은 나름대로의 경제적 목적을 위해 만난 목적적 집단이며, 직장 속의 대인관계란 목적을 달성하기 위해 각자의 역할과 책임을 수행하는 것이다.

2차적이고 목적적 관계라는 것은, 애초에 '진정성'이나 '진심'을 바탕으로 모인 것이 아니라는 것을 의미한다. 개인적 관계에서 기대할 수 있는 '진심'이나 '진정성'을 기대하는 것 자체가 무리이다. 이런 헛된 기대는 필연적으로 좌절과 배신감을 불러일으킨다.

직장 외 대인관계에서는 내 맘에 안 드는 사람이나 싫은 사람이 있다면 안 보면 되고 피하면 된다. 그런데 직장은 그렇지 않다. 직장을 그만둘 생각이 아니라면 싫은 사람이라도 매일 얼굴을 보고 업무를 같이 해야만 한다. 피하기만 할 수는 없다.

입사 면접 시, '저는 이 회사에 정말 들어오고 싶습니다!!'라고 면접관에게 얘기하지만 이 또한 진심은 아니다. 면접을 보는 모든 회사에서 똑같은 얘기를 했을 것이다.

편한 친구가 영 이상한 스타일의 옷을 입고 와서 '내 스타일 어때?'라고 묻는다면 '그게 뭐야? 이상해! 너랑 안 맞아!'라고 말하거나 '그걸 지금 돈 주고 산거야? 돈이 아깝다!!'라고 편히 말할 수 있다. 하지만 상사가 주말에 새로운 스타일의 옷을 산 후 부하직원인 당신에게 '내 스타일 어때?'라고 묻는다면, '와~ 부장님 너무 젊어보이세요!!'라고 말하게 되는 것이다.

특히 고객이 동일한 질문을 했다면? 어떻게든 긍정적 측면이나 좋아 보이는 면들을 언급하면서 좋은 관계를 맺으려 할 것이다. 그것이 직장생활의 현실인 것이다.

즉, 직장은 본연의 목적에 기초하여 볼 때, 어느 정도 형식적인 관계나 주어진 역할에 따른 '연기'가 필요한 곳이다. 나의 '진심'이나 '진정성'에 기초해서 관계하는 곳은 아니다. 그리고 나의 개인적인 감정을 솔직히 표현하거나 감정적인 대응을 하는 곳이 아니며, 주어진 역할에 따라 행동해야 하는 곳이다.

이런 곳에서 함부로 자신의 '진심'을 드러내거나 타인에게 이를 요구한다면, '진심'에 대한 기대가 없거나 역할에 따라서만 행동하는 사람에게 '배신감'이나 '서운함'을 느끼게 된다. 이곳에서 너무 솔직한 '감정'을 드러낸다면, 상대가 부담스러워하거나 혹은 역공으로 인해 더 큰 상처를 입게 되기도 한다.

그래도 직장 내의 '진정한' 친구는 필요하다

그래도 '진정한' 친구는 필요하다. 직장 내에 그런 친구가 있다면 대단히 행복하고 즐거운 직장생활을 할 수 있다.

왜냐하면 그 친구는 나의 상황이나 배경을 잘 알고 있기 때문에, 나를 전적으로 이해할 수 있고 정확한 공감이 가능하기 때문이다. 그리고 그에 따른 최적의 조언이나 혹은 최상의 위로와 지지도 해줄 수 있다. 이런 이해와 공감, 그리고 조언이나 지지는 나에게 큰 힘이 되고, 다시금 일어서는 에너지원을 제공해준다.

고객에게 하루 종일 시달리고 들어온 영업 사원이 배우자에게 오늘의 진상 고객에 대해서 불평을 표현하는 경우가 있다. 그에 대해서 배우자가 '그래도 고객에 대해서 그렇게 욕을 하는 건 아니지!'라고 답한다면 더 화를 부추기게 될 것이다.

대신 상황을 알고, 적절한 지지를 해줄 수 있는 동료가 있다면 힘이 된다. '그 손님, 나도 아는데 원래부터 성질이 좀 괴팍하고 이상하기로 소문났잖아! 오늘 너한테 못 되게 굴었다면서? 너무 고생했겠네ㅠㅠㅠ'라는 동료의 위로는 큰 지지가 되고 마음의 힐링을 얻는다.

괴팍한 성격의 상사로 인해 짜증이 가득한 친구에게 '그래도 그 상사가 일은 잘한다면서! 그럼 네가 부하직원인데 접고 들어가야

지!!'라고 말하는 친구는 의절하고 싶어 질 것이다. 대신에 '그 양반은 아직도 안 잘렸다니! 귀신은 뭐하냐? 그런 못된 사람 좀 데려가지!! 시원하게 욕하고 풀어 ㅜㅜ'라고 하며 대신 욕해주는 친구가 있다면 속이 다 시원해질 것이다.

내가 필요한 것은 팩트에 기초한 논리적 접근이 아니라 그 상황에서 경험하는 나의 감정과 지친 마음에 대한 위로와 공감인 것이다. 그런데 맥락을 충분히 모르고 업에 대한 이해가 없다면 이를 제공하기가 어렵다.

그래도 직장 내의 '진정한' 친구는 이를 정확히 공감하고 이해하며, 상황과 맥락을 고려한 최적의 위로와 지지를 해줄 수 있는 것이다. 또한 내 마음의 힐링을 가져오고 다시금 힘을 내는 기회를 제공할 수 있는 것이다. 그래서 직장 내 '진정한' 친구라 생각할만한 사람이 있다면, 그것은 매우 큰 복임에 틀림없다.

직장 밖의 친구도 필요하다

물론 우리가 대부분의 시간을 직장에서 보내기는 하나 때로는 직장 자체에 대한 생각을 하고 싶지 않은 때도 많다. 퇴근을 하는 순간 직장과 관련된 모든 끈을 차단하고 나 개인으로서의 삶을 즐기는 것도 필요하다.

직장을 벗어나 그동안 내가 살아왔던 인생이라는 것이 있는 것이며, 그 안에서 진정한 나의 모습을 발견하기도 한다. 그리고 이런 과정 속에서 직장이 나에게 가지는 의미를 객관적으로 재조명하게 되기도 한다.

아무리 많은 시간을 보낸다고 해도, 직장 자체가 우리 인생의 목표는 아니지 않은가? 물론 많은 시간을 보내며, 내가 원하는 것을 이루기 위해 필요한 경제적 이득이나 여러 가지 목적을 위해 직장을 다니기는 한다. 하지만 직장생활을 해야 한다면 가능하면 잘하는 게 좋다는 것이지, 직장 자체가 목적은 아닌 것이다.

나는 나대로의 삶이 있고, 직장생활 이전부터 그려왔던 나의 인생이 있다. 그리고 이를 충족하고 즐기는 것 자체는 전혀 문제가 아니다. 오히려 직장 밖의 나의 인생을 상기하고 향유하는 것은 직장생활에 더 몰두할 수 있는 집중력과 효율성을 높여주는데 매우 도움이 된다.

그래서 직장에서 한발 물러나 나를 되돌아볼 수 있고, 나에게 휴식과 위안, 그리고 직장에서 가지지 못한 즐거움을 줄 수 있는 직장 밖의 친구가 있으면 매우 도움된다. 그들은 내 본연의 모습에 대한 기억을 떠올리게 해 줄 뿐 아니라 신선한 공기와 같은 느낌을 줄 수 있는 것이다.

직장 밖의 친구들은 나의 의무, 책임, 역할, 과업 등 머리 아픈 단어들을 잠시 잊고 진정한 휴식을 취하는데 도움을 줄 수 있다. 이런 휴식은 내 마음의 자양분을 제공해 줄 수 있다. 그리고 이 자양분을 바탕으로 직장에서 더욱 좋은 결과를 보일 수 있다. 이런 이유로 직장 밖의 친구도 크게 도움이 되는 것이다.

더불어 사는 것이 인생이며, 대인관계에서 많은 즐거움과 함께 상처도 받는 것이 인생이다. 사람이 살아가면서 좋은 사람을 많이 만나는 것도 중요하고, 그 안에서 발생하는 아픔이나 상처를 치유하는 것도 중요하다. 이나저나 더불어 살아야 하는 인생, 기왕이면 사람들과 잘 지내서 나쁠 것은 무엇인가? 피해 갈 수 없는 것이라면 차라리 잘 지내고 행복과 만족을 늘리는 것이 좋지 않겠는가??!!

직장도 그렇다. 어찌 되었건 다녀야 하는 직장이라면, 그리고 그 안에서 필연적으로 많은 사람들과 얽혀서 살아야 하는 것이다. 그렇다면 가능한 한 사람들과 잘 지내고 행복하고 즐거움을 느끼는 것이 좋지 않겠는가?! 또한 어려움이나 상처도 잘 극복하고 해결할 수 있으면 더 좋을 것이다. 그것이 하루하루 나의 인생과 나의 직장생활을 행복하게 만드는 과정이다.

단, 이것이 그냥 오지는 않는다. 그만한 노력이 필요하다. 일반적인 대인관계나 직장 내에서의 대인관계에 대한 헛된 환상과 기대를 버리는 것에서부터 시작하라. 나를 위해서, 나의 즐거움과 만족을 위해서, 그리고 나의 행복하고 성공적인 삶과 직장생활을 위해서 나의 '진정한' 친구를 사귀어라.

하지만 모든 사람과 그런 관계를 맺을 수는 없다는 점도 기억하라. 스마트폰의 연락처를 검색하다가, 눈에 띄는 이름만으로도 뭉클하고 위로가 되는 사람이 있다면 그 정도로 충분하다. 그리고 그 또한 나를 생각하며 힘과 지지를 얻는다면 더욱 행복할 것이다. 그게 바로 사람이 필요한 이유이다.

18
5가지 대인관계 핵심요소

_더불어
살아가기

사람 사이의 관계가 중요하다는 것은 그 누구도 부정할 수 없다.

모든 사람들은 사람 사이의 관계가 중요하다는 것을 알고 있다. 하지만 중요하다는 것을 안다고 해서 잘하는 것은 아니다. 대인관계를 잘하기 위한 방법을 연구함과 동시에 이를 실제로 적용하고 노력해야 하는 것이다.

대인관계는 생각보다 복잡하고 어렵다. 서로 다른 요구와 기대를 가진 두 사람이, 다양한 측면에서 역동적인 상호작용을 하는 과정이다. 그 과정에서 고려해야 하는 여러 가지 요소들이 있으며, 이 요소들을 잘 다루기 위한 다양한 방법들이 있다.

세상 무슨 일이 아무 노력 없이 되겠는가? 특히 내가 그 일을 잘하고 싶다면 더욱 많은 노력을 기울여야 할 것이다. 그리고 가장 중요한 것은 이를 꾸준히 연습하고 반복하여 잘 단련시키는 실행이 필요하다.

만약 몸짱이 되고 싶다면 몸을 멋지게 만들어주는 다양한 근육과 골격에 대한 이해가 있어야 하며, 이를 단련시키는 다양한 방법들을 배워야 한다. 그 결과로 내가 원하는 몸짱이 되는 것이다. 골프를 잘치고 싶다면, 드라이버, 퍼터, 아이언 등 각각의 상황에 맞는 골프채의 사용법을 알아야 한다. 그와 동시에 궂은 날씨나 다양한 그린 상황에서 충분한 실전을 경험해야 싱글의 경지에 이를 수 있다.

대인관계도 이와 같은 마음의 훈련이 필요하다. 대인관계란 무엇으로 이루어져 있으며, 그 각각을 다루는 주요 방법들을 배워야 한다. 그리고 그에 기초해서 충분한 연습과 실행으로 나의 것으로 만드는 과정을 거쳐야 한다.

5가지 대인관계 핵심 요소

대인관계를 잘하기 위해 가장 먼저 필요한 것은, 대인관계가 무엇으로 이루어져 있는지를 이해하는 것이다. 즉 대인관계 상호작용에서의 핵심적인 요인들을 알고 있어야 한다.

대인관계의 핵심 요건은 다섯 가지이다. 첫째, 대인관계의 주체인 "나"이다. 둘째, 대인관계 상 상대측인 "타인"이다. 그리고 세 번째, 대인관계가 발생하는 "맥락"이나 "상황"이다.

그리고 넷째와 다섯째는 두 사람 간의 상호작용이다. 그중 넷째는 두 사람 사이에 발생하는 "일반적 상호 작용 및 긍정적 교류"이며, 다섯째는 두 사람 사이에 필연적으로 발생할 수밖에 없는 "갈등이나 부정적 상호작용"이다.

이와 같은 대인관계 핵심 요소들 각각에 대한 이해와 관리 능력이 있어야 하는 것이다. 이를 도식화하면 다음과 같다.

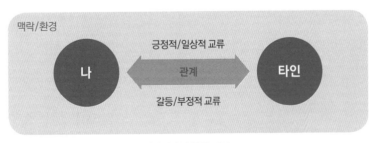

대인관계의 핵심 5요소

이 다섯 가지 요인들이 복잡하게 상호작용을 하는 과정이 바로 대인관계이다. 모든 사람들은 이 각각의 요소들에 대한 나름대로의 특징과 장단점을 가지고 있다. 그리고 이에 따라 좋은 대인관계를 맺기도 하고 때로는 어려움을 겪기도 한다.

그리고 대인관계를 향상하고 싶다면, 이 중 어떤 부분에 집중하여 개선 노력을 기울여야 하는지에 대한 방향을 잡을 수 있는 것이다. 자신과 타인의 성격에 대한 이해나 나와는 다른 성향을 보이는 사람에 대한 수용성이 없다면 대인관계 상 어려움을 겪을 수밖에 없다. 또한 일상적인 관계에서는 큰 문제가 없으나 갈등이나 문제 상황에 직면하면 바로 위기를 겪기도 한다.

즉 대인관계 핵심 요소 각각에 대한 나의 특징과 장단점을 잘 알고 있어야 한다. 동시에 나의 취약점과 개선점에 대해서도 알아야만 한다. 그래야 대인관계 능력의 향상과 개선을 시작할 수 있다.

이를 파악하기 위해서는 다음의 질문에 대해서 스스로 답해보라. 이 질문들을 통해서 나의 대인관계 5요소에 대한 특징 및 장단점을 파악할 수 있다.

| **1** 나는 나 자신의 특징과 장단점에 대해 잘 알고 있다

나의 수준 ── 상 ── 중 ── 하

| 2 나는 타인을 잘 이해하고 수용하는 편이다

| 3 나는 타인과의 관계에서 유쾌하고 긍정적 분위기를 만들 수 있다

| 4 나는 타인과의 관계에서 갈등이나 문제를 잘 다루고 해결할 수 있다

| 5 나는 상황에 따라 다양한 대인관계 방법들을 차별적으로 적용한다

위에 제시된 질문들에 대한 당신의 평가는 어떠한가? 아마도 개별 질문에 따라 '상'인 경우도 있고, '하'인 경우도 있을 것이다. 그러나 본인의 주관적인 평가가 항상 맞는 것은 아니다.

본인은 '상'이라고 생각하나 실제로는 '상'이 아닐 수도 있으며, 본인은 '하'라고 생각했으나 실제로는 해당 능력이 적절하고 우수할 수도 있다. 만약 대인관계와 관련된 본인 능력에 대하여 제대로 평가받고 싶으면 심리검사 등을 해보거나 전문가의 도움과 피드백을 받는 것이 좋다.

나와 상대방, 그리고 관계 기술

좋은 대인관계 능력을 가지기 위해서는 두 가지 차원에서의 고민이 필요하다. 그 첫 번째는 관심과 동기에 대한 확인이며, 두 번째는 관계 스킬이다.

가장 먼저 확인할 사항은 "대인관계에 대한 관심과 동기 수준"이다

사람의 성격에 따라서 대인관계에 대한 관심 수준이나 타인과 관계를 맺고자 하는 동기 수준에 차이가 있다. 이것이 서로 간에 맞지 않으면 좋은 관계는 유지되기 어렵다.

'나' 혹은 '상대방' 간의 대인관계에 대한 관심이나 동기 수준의 균형이 맞지 않는다면 관계 상 갈등이 발생한다. 만약 둘 간의 대인관계 동기 수준이 서로 다르다면, 일방적 관계가 되거나(즉, 관계 동기가 높은 사람이 관계 동기가 낮은 사람을 계속 챙기거나 돌보기), 오래 지속되지 못한다(즉, 관계 동기가 높은 사람이 계속 적극적으로 대시하다가 지치거나 혹은 관계 동기가 높은 사람의 적극적 접근을 관계 동기가 낮은 사람이 부담스러워 멀리하거나 거부함).

차라리 관계 동기 수준이 서로 낮은 수준이라면, 최소한 관계 만을 맺으면서 서로 불만 없이 지낼 수 있다. 그리고 관계 동기가 서로 강한 사람들은 소위 '뜨겁고 열정적'인 관계와 교류를 보인다. 하지만 한쪽의 요구가 강하고 다른 쪽의 요구가 약하다면 관계는 불균형을 보일 수밖에 없다.

상대방이 좋아하지 않는데도 한쪽에서만 계속 하트를 보낸다고 관계가 이루어지지는 않는다. 적극적으로 부하직원과 관계를 맺고자 하는 상사의 태도는, '회사는 회사, 퇴근 후에는 개인'이라고 생각하는 부하직원에게는 부담을 주게 된다. 반대로 대인관계에 별 관심이 없는 상사에게 '왜 나를 적극적으로 돌보아주지 않는 거야?!'라는 불만을 가져봐야 별 다른 해결책이 없다.

두 번째는 관계 스킬의 적절성과 다양성이다

대인관계를 맺는데 필요한 관계 스킬이 적절하고 우수한지, 아니면 그 기술 자체가 미숙한지에 따라서 관계의 양상과 결과는 달라진다.

상대방의 마음을 잘 헤아리고 상대방이 원하는 방식의 프러포즈를 하는 경우에는 성공률이 높다. 하지만 어렵게 준비한 프러포즈가 미숙하고 상대방이 원하지 않는 방식이라면 당연히 실패할 것이다. 타인을 위로한다고 하는데, 오히려 역정을 내거나 화를 부추기는 경우가 생겼다면, 이는 관계 스킬이나 다양성이 떨어지기 때문이다.

이렇게 다양한 상황에 적절한 풍부한 관계 스킬은 또 하나의 중요한 자원이 된다. 관계 스킬이 미흡한 경우에는 아무리 좋은 마음을 가지고 있더라도 대인관계 상 좋은 결과를 이끌어 내기 어렵다.

맥락과 갈등관리

관계 스킬의 적절성과 다양성은 대인관계가 이루어지는 맥락이나 환경과 밀접하게 관련되어 있다. 우리가 흔히 대인관계 상에서 고려하지 못하는 것 중 하나가 맥락의 중요성이다. 즉 관계가 이루어지는 상황이나 맥락에 따라 정답이 달라지는 것이다.

직장 내에서는 부하 직원의 하소연에 대해 비교적 냉정하고 객관적으로 판단해야 한다. 만약 문제의 원인을 부하 직원이 제공했다면, 그것을 정확하게 지적하고 효과적인 솔루션을 제공해 개선하도록 하는 것이 맞다.

그러나 같은 문제라도 배우자가 그 얘기를 한다면 무조건 배우자 편을 들어주어야 하는 것이다. 왜? 직장은 감정가를 뺀 업무적 차원의 관계이지만, 부부 관계는 감정적 소통과 교류가 우선되는 관계이기 때문이다. 이와 같이 맥락을 고려하지 못한 채 자기 생각대로 응대하는 경우에는 예상과 다른 반응이 온다.

'내가 몰라서 그러는 게 아니야! 그냥 내 얘기를 들어달라는 말이야!!' 나 '당신은 정말 나를 사랑하지 않는구나!! 나를 하나도 이해해주지 않아!!' 등, 전혀 기대치 않았던 당황스러운 피드백을 듣게 된다. 이는 상대방이 기대하는 대화 속성(즉, 감정적인 차원에서의 공감과 지지)과 내가 제공한 내용(즉, 객관적 판단과 그에 기초한 솔루션)이 서로 맞지 않았기 때문이다.

이와 같이 맥락은 상호 간의 대화 중 기대하는 바를 결정하게 된다. 그리고 이와 같은 맥락을 고려한 차별적인 대인관계 교류와 대화가 이루어져야 한다.

대인관계 상에서 반드시 고려해야 함에도 불구하고 제대로 관리

되지 못하고 있는 두 번째는 갈등관리이다.

갈등이란 서로 간의 기대나 원하는 바가 다를 경우 발생하게 된다. 기대나 요구의 차이로 인해 불편한 감정이 발생하게 되며, 상호 간의 조정이나 타협이 없다면 더욱 갈등이 심화된다.

이와 같은 갈등 과정은 정서적으로 매우 불편하다. 그래서 대부분의 사람들은 이를 "회피"하고자 한다. 그런데 갈등을 회피하게 되면, 이후 감정의 골이 더 깊어지거나 혹은 문제가 해결되지 않은 채 지속된다. 그래서 결국에는 갈등이나 부정적 감정이 심화되거나 축적되는 결과를 낳게 된다.

좋은 분위기에서 상대방과 좋은 관계를 맺는 것은 쉽다. 하지만 갈등이나 문제가 생겼을 때의 관계란 상당히 어렵다. 즉, 일상적 관계에 비하여 갈등관리는 몇 배의 노력을 들여서 힘들게 연습하거나 개발해야 한다는 것이다. 그럼에도 불구하고 불편하다는 이유로 이를 '회피'한다면 더욱 깊은 갈등의 수렁에 빠질 수밖에 없다.

특히 일단 갈등이 발생한 다음에는 부정적 감정이 생겨버리기 때문에 합리적이거나 효율적인 대화가 어려워진다. 그래서 대화가 감정적이 되고 격해지며, 평상시보다 훨씬 더 자극적인 표현과 언어로 상대방을 공격하게 된다. 이 때문에 서로의 사이는 더욱 벌어지거나 회복되기 어려운 지경에 이르게 되는 것이다.

그래서 우선은 갈등을 예방하는 방법(즉 나와 상대방의 특성이나 성향을 고려해서 갈등 요소를 사전에 파악해서 피하기)이 선행되어야 하며,

일단 갈등이 발생한 경우에도 이를 효과적으로 해결하는 방법들(감정이 격해지는 경우 time-out을 통해 진정하기 등)을 학습하고 개발하는 것이 필요하다.

> 대인관계란 맥락에 따라 다른 기대와 요구가 발생하며, 그에 따라 다른 특성과 성향을 드러내는 과정이다. 업무 관계에서는 그에 맞는 기대와 요구가 발생하며, 개인적 관계에서는 또 다른 기대와 요구가 발생하는 것이다. 이 미묘한 역동과 속성을 제대로 이해하지 않는다면 본인의 기대와는 다른 결과를 얻게 된다는 점을 기억해야 한다. 서로의 성향과 특성에 대한 분명한 이해 및 수용과 더불어 관계가 발생하는 맥락에 대한 고려, 그리고 갈등이나 문제를 해결할 수 있는 스킬 등이 종합적으로 필요한 것이 대인관계이다. 이것이 구체적인 대인관계 요소들을 파악하고 이에 대응해야 하는 이유이다.

19
싸움의 기술

더불어
살아가기

세상이 평화롭기만 하다면 얼마나 좋을 것인가?! 그러나 때로는 어쩔 수 없이 싸워야만 할 때가 있는 법이다.

아무리 사랑해서 결혼을 한 부부라 할지라도 막상 결혼 생활을 시작하면 소소한 것에서부터 부딪치게 된다. 라면을 끓일 때, 반을 잘라서 넣을지 혹은 그냥 통째로 넣을지, 면을 먼저 넣을지 혹은 스프를 먼저 넣을지 등에서부터 의견 대립이 시작된다.

왜냐하면 지금까지 다른 문화적 배경에서 몇십 년 살아왔던 습관이 서로 부딪치기 때문이다. 더욱이 명절에 각자의 부모님에게 얼마의 용돈을 드릴지에 관한 문제가 대두되면 더욱 예민해질 수밖에 없으며, 생각보다 큰 갈등이 발생할 수 있다.

빨리 끝내고 퇴근하고 싶은데, 자꾸 업무를 던져서 야근을 하게 만드는 상사를 보면 화가 나게 된다. 반면 상사의 입장에서는 시킨 일에 대해서 대놓고 인상을 쓰면서 싫은 티를 내는 직원이 맘에 들리 없다.

이처럼 우리의 일상은 필연적인 갈등의 연속이다. 그리고 회사와 같은 목적적 관계에서는 서로 간의 이해상충이 더 많이 발생할 가능성이 높아진다. 특히 상대방이 무리한 요구를 하거나 혹은 나쁜 의도로 나를 공격한다면 나도 어쩔 수 없이 싸워야만 한다.

고객이 정도를 넘어서는 무리한 요구를 하거나 필요 이상의 폭언을 한다면 그것은 싸움의 대상이다. 또한 열심히 노력했는데도 불구하고 부당한 평가나 대우를 받는 경우에는 피치 못하게 맞짱을 떠야 하는 수도 있다. 무한 경쟁 시대에 경쟁사와의 싸움은 피할 수 없는 전쟁이며, 반드시 이겨야 하는 싸움인 것이다.

그런데 싸움을 잘하는데, 전후 사정 고려해서 싸움을 피하거나 안 싸우는 것은 좋다. 하지만 싸움을 할 줄 몰라서 당하고 사는 것은 문제이다. 싸워야 하는 상황에서 다른 방법을 통해 싸움을 예방하거나 혹은 좋은 방식으로 잘 해결하는 것이 베스트이다. 그런데 싸움을 못해서 못 싸우게 된다면, 그것은 나의 일방적 패배와 손해이다.

그래서 싸움의 기술을 분명히 잘 알고 있어야 하며, 시의 적절하게 이를 사용할 줄 알아야 한다. 이 기술을 사용할지, 안 할지는 다른 문제이다.

싸움은 피하는 게 상책이다

싸움은 안 하는 것이 가장 좋다. 어떤 이유에서든, 혹은 누가 잘못했건 간에, 일단 싸움을 시작하면 양쪽 모두가 어쩔 수 없이 상처를 입기 마련이다. 나는 안 다치면서 상대방만 다치게 하는 방법은 없다. 특히 역할 상 상대방이 우위를 점하고 있는 경우에 더욱 그렇다.

고객과의 관계에서 작은 불만을 표현하는 경우, 더 큰 비난을 받거나 일이 커질 가능성이 높다. 상사의 리더십에 대해 어설프게 지적했다가는 '너나 잘하세요! 너의 문제점은 첫째, 둘째, 셋째, …'라는 소리를 들어가며 더 큰 타박을 받기 쉽다.

그래서 싸움은 일단 안 하는 것이 가장 좋다. 그럼 싸움을 가능한 한 피하는 방법은 무엇일까?

싸움을 피하는 첫 번째 방법은 '더러운 똥 피하기'이다

내가 약간의 손해를 감수하더라도 더 큰 피해를 피하는 것이다. 만약 싸움을 해서 예상되는 피해와 내가 일시적으로 감수해야 하는 손해를 비교해 봤을 때 그 손해가 크지 않다면 차라리 손해를 감수하는 것이 낫다.

별 것도 아닌 것을 트집 잡아 과도하게 불만을 표현하는, 소위 진상 고객을 상대하는 것은 항상 힘들다. 속으로는 내 스트레스도 올라가고 같이 막말을 하고 싶은 마음이 굴뚝같다. 하지만 만약 진상 고객에게 막말을 한다면 어떻게 될 것인가 상상해보라. 아마도 고객을 더 화나게 해서 일이 커질 것은 자명하다.

이런 경우 '어쩔 수 없이 당하는 것'이 아니라 더 큰 문제를 예방하기 위해 "내가 참아주는 것"이 낫다. 더러운 똥을 잘못 건드리면, 하루 종일 냄새가 나고 찝찝할 것이다. 그게 싫어서 '내가 먼저, 그리고 합리적으로 생각해 본 바에 기초해서' 피해 주는 것이라 생각하라.

그렇다고 해도 내가 당한 피해 자체는 없어지지 않는다. 나의 부글부글 끓어오르는 화는 어떻게 처리해야 하는가? 이때 두 번째 방법, '뒷담화로 해결하기'를 사용하라.

분명한 것은 그 분노나 화가 그냥 없어지지는 않는다는 점이다. 화를 식히거나 혹은 스트레스를 풀어내는 "마음의 정화" 과정을 거쳐야 한다. 그래야 내가 덜 다친다. 내가 편하게 얘기할 수 있는 친구

나 혹은 나의 힘든 상황을 정확히 이해하고 충분히 공감해 줄 수 있는 사람을 찾아서 '뒷담화'하라.

그렇게 해서라도 가능한 한 빨리 부정적 감정을 풀어야 한다. 그렇지 않다면 진상 고객 때문에 쌓인 화 때문에 그다음에 온 우수 고객을 퉁명스럽게 대하게 된다. 아니면 집에 가서 아무런 죄도 없는 가족들에게 엉뚱한 일로 짜증을 내게 되기도 한다. 그들이 무슨 죄인가??!!

내적으로 쌓인 분노와 화를 제대로 해결하지 않으면, 그 분노와 화가 나 자신을 향하게 되어 우울증에 빠지거나 자존심에 큰 상처를 내게 된다. 쌓인 화는 가능하면 빨리 풀어야 한다. 아니면 퇴근 후 동료와 맥주 한잔 하면서 '뒷담화'할 약속을 잡으라. 마음껏 속 시원히 뒷담화를 할 생각만으로도 내적인 위로가 시작될 것이다.

싸움을 피하는 세 번째 방법은 '큰 복수 꿈꾸기'이다.

그냥 내가 일방적으로 손해를 보는 것은 억울함을 가져온다. 여기에서 끝난다면 결국 내 속은 썩어 들어가게 된다. 대신에 이번에는 내가 손해를 감수하되 그 보복이나 복수는 잠시 미루는 것이다. 매번 상대하기에는 나 스스로가 너무 쪼잔하고 귀찮으니, 아예 나중에 통 크게 복수할 계획을 수립하는 것이다.

예를 들어 진상 고객에 대해서 '저런 식으로 세 번만 더 행동하면 그때는 내가 동영상으로 찍어서 저 만행을 인터넷에 올려 버릴 거야', 혹은 '경찰관 대동하고 법정 구속을 시켜 버릴 거야! 콩밥 좀 먹어봐야 정신 차리지!!'라고 생각하고 상상하라. 그 상상 만으로도 짜릿하고 통쾌할 것이다.

그런데, 그런 순간이 안 오면 어떻게 할 것이냐고? 걱정 마라!! 당신을 괴롭힌 그 사람은 그런 식으로 계속 행동하다 보면, 언젠가는 나보다 성질 나쁜 누군가에게 분명히 더 크게 당할 것이 뻔하니까!! 그렇지 않은가? 그렇게 행동하는데 누가 좋아하겠는가?

내가 굳이 직접 손대지 않아도, 내가 상상했던 처절한 복수를, 누군가에게 분명히 당할 것이다. 누군가 대신해줄 복수를 꿈꾸면서 스트레스를 풀라.

싸울 것이라면 반드시 이겨라!

만약 그래도 굳이 싸워야 한다면, 제대로 싸워야 한다. 제대로 싸우는 것을 넘어서서 반드시 이겨야 한다. 어설프게 싸웠다가 더 큰 상처를 입지 말고, 상대에게 더 큰 상처를 주고 반드시 이겨야 한다.

만약 어설프게 싸우다가 결국 이기지 못한다면, 내가 더 다치게 된다. 싸움 과정에서 더 큰 상처를 입게 되며, 그에 더하여 싸움에서 진 것으로 인해 서럽고 분한 마음까지 더해진다. 그래서 싸움은 피하는 것이 상책이다. 그러나 만약 싸워야 한다면 반드시 이기는 싸움을 하는 것이 맞다.

그럼 상대방을 이기기 위한 방법은 무엇일까? 가장 먼저, 상대방에 대한 냉철한 분석이 필요하다.

국가대표 축구 경기나 권투 시합에서 이기려면 상대방에 대한 전력 분석이 선행되어야 한다. 즉 상대방의 강점은 무엇이고, 약점은 무엇인지를 파악하는 것이 필요하다. 그래서 상대방의 약점을 중심으로 한 집중적 공격을 해야 하며, 이를 통해 최소한의 에너지를 투자해 가능한 한 빠른 시간에 상대를 이겨버려야 한다.

직장에서나 세상살이 과정에서의 싸움도 마찬가지이다. 기왕 싸울 것이라면 제대로 싸우고 제대로 이겨버려야 한다. 상대의 특징 및 행동 양상에 대한 분석과 그에 따른 효과적 대응을 통해 나의 피해를 최소화하면서도 상대를 이길 수 있다.

예를 들어 진상 고객의 경우라면, 조용한 사무실이나 VIP 실로 모시고 가서 우선은 극진히 대접하라. 왜냐하면 진상 고객은 주변에 있는 다른 고객들이 다 자기편이라고 생각하고 더욱 힘을 얻기 때문이다. 그래서 VIP 실에 혼자 있을 경우 진상 고객의 동력이 약화되기 마련이다. 그리고 난 후, 진상고객의 성향에 맞춘 공격을 하는 것이 효과적이다.

만약 나의 상사와 맞짱을 뜨려면 나만이 할 수 있고 대치 불가능한 업무를 무기로 삼아야 한다. 왜냐하면 내가 그 일을 거부할 경우 상사가 곤란해지기 때문이다. 이를 바탕으로 '이유와 근거가 분명한 업무 상 어려움 전달 및 개선 요구', '타 부서 이동'이나 '이직' 등 다양한 카드를 준비하는 것이 좋다. 정 안되면, '절대로 빨리 해주지 말기' 등과 같은 수동/간접적 공격도 한 방안이다.

이렇듯 상대의 특성에 대해 철저히 분석하고 준비할수록, 효과적인 공격으로 이길 가능성이 높아지는 것이다.

둘째, 나의 공격 목표와 수준을 정하라. 내가 공격을 해서 명확하게 얻고자 하는 것이 무엇인지부터 확인해야 한다.

단순한 감정 표출이나 화풀이라고 하면 그것은 앞서 얘기한 싸움 피하기 수준으로 충분하다. 고객이 다시는 내 매장에 안 와도 되는 정도라면 제대로 맞짱을 떠 볼만 하다. 하지만 너무 큰 고객이라서 그건 좀 무리가 있다면 적당한 수준에서 공격을 해야 한다.

내가 아예 회사를 옮길 각오까지 하고 있다면 상사와 제대로 싸워도 된다. 하지만 굳이 회사를 옮길 생각까지는 없다면, 싸움을 피하거나 아니면 공격의 수위를 조절해야만 한다.

단순히 열 받음을 표출하거나 부정적 감정을 표현하는 것은 공격이 아니다. 그것은 그냥 짜증이며, 감정 관리의 실패일 뿐이다. 결국 나에게 몇 배로 안 좋게 되돌아 올, 쓸데없는 감정 표출이다.

제대로 공격을 해 볼 것이라면, 목표를 세우고 진지하게 해야 한다. 만약 분명한 목표나 공격 방법에 대한 연구 없이 전쟁을 한다면 어떻게 되겠는가? 당연히 질 수밖에 없다. 나의 공격 목표와 내용을 명확히 하고, 그에 따라 구체적인 공격의 수준과 방법을 선택해야 한다.

고객이 다시는 우리 매장에 오지 않았도 되는지, 아니면 좀 전에 있었던 부당한 대우에 대한 사과와 미안함을 보이는 정도면 되는지 결정하라. 상사와 다시는 보지 않고 싶은 것인지, 아니면 앞으로 잘 지내기를 원하되 나를 대하는 방식에서의 변화를 바라는 것인지 결정하라.

내가 공격을 해서 얻고 싶은 목표가 정해져야 그에 따른 공격 방법과 수준이 나오는 것이다.

감정적인 화는 지는 것이다!

우리가 싸움에 대해서 잘못 알고 있는 것이 있다. 싸움이 서로 머리채를 잡고 화를 내며, 소리를 고래고래 질러야 하는 것이 싸움이라고 생각하는 것이다.

그렇지 않다. 이런 싸움은 백이면 백, 서로 지는 싸움이며, 서로 간에 상처만을 남기는 이전투구(泥田鬪狗) 일뿐이다. 이런 싸움에서는 승자가 없다. 대표적인 것이 정치판에서의 네거티브 선거전이며, 운전 중 시시비비를 가리다가 서로 보복운전을 하여 경찰서에 가서 쌍방폭행으로 둘 다 구속되는 경우이다.

진정한 싸움이란 부정적 감정에 휩싸여 감정적으로 대응하는 것이 아니다. 내가 원하는 목표를 달성하기 위한 전략적 접근과 실행이다. 때로는 의도적으로 화를 내는 것이 전략적 접근의 일부일 수도 있다. 하지만 이런 화는 나의 합리적 통제 하에 있는 것이다. 화에 휩싸여 통제불능인 것과는 근본적으로 다르다.

감정(특히, 부정적 감정!, 특히 분노!!)에 휩싸이는 순간 객관적이고 합리적인 판단이 되지 않으며, 무차별적이고 자극적인 공격을 하게 된다. 이런 공격은 필연적으로 상대방의 공격과 분노를 불러일으키며, 이로 인해 나 자신도 역공을 받을 수밖에 없다.

냉철함을 잃어버리고 감정적으로 덤비는 권투선수는 상대의 역공에 휘말려들 수밖에 없는 것이다. 고객과의 갈등에서 감정이 드러나는 순간 고객은 더 큰 화를 내게 된다. 상사에게 감정적으로 얘기하게 되면, 그다음 날부터 온갖 업무에 대한 트집과 시비가 생길 것이다. 부부 간에도 감정적으로 얘기하는 순간 상대방의 감정도 상해버리며, 아무리 맞는 말을 해도 받아들이고 인정하기 싫어진다.

진짜 이기고 싶다면, 감정에 휩싸이지 말아야 한다. 특히 분노나 화는 십중팔구 더 큰 분노와 화를 초래한다. 그래서 싸움에서 이기려면 내적인 감정 조절에 능해야 하며, 특히 분노와 화 등을 잘 조절해야 한다.

이를 위한 방법은 첫째, 사전에 화나 분노의 수준을 낮추는 것이다.

정작 싸움을 하기 전에 미리부터 화를 표현하거나 해소하여 감정적 반응을 줄이는 것이다. 그래야 조금이라도 냉정하고 차분한 가운데에 싸움에 임할 수 있으며, 상대방에 대한 객관적 판단과 합리적 대응을 할 수 있다.

본격적인 부부 싸움을 하기 전에, 우리 부부 사이를 잘 알고 상의하던 친한 친구에게 전화를 걸어 배우자에 대한 화를 표현하고 해소해야 한다. 그렇지 않으면, 상대방의 사소한 공격에도 파르르 떨면서 감정적으로 대응하게 된다. 이런 감정적 대응은 결국 상대방에게 시비할 빌미를 제공한다.

두 번째는 미리 대사 준비하기(혹은 글로 미리 써보기)이다.

싸움은 감정이 격앙되기 쉬우며, 격앙된 감정은 내 머릿속을 하얗게 만든다. 일단 격앙된 감정의 소용돌이에 빠져버리면 이를 벗어나기가 쉽지 않다.

따라서 미리 대사를 준비해 보거나 글로 자신의 주장이나 논리를 써보는 것이 크게 도움된다. 미리 준비한 대사나 글은 상황에 휘둘리거나 혹은 감정에 휩싸이더라도 자신이 해야 할 말이나 주장, 논리 등을 차분히 표현하는 데 유용하다.

상사와 맞짱을 뜨기 전에, 미리 요구하는 바를 명확하게 정리하고 글로 써보라. 그럼 상사의 입장에서는 나름대로 합리적인 논리와 주장이라고 느끼게 되며, 나의 요청을 받아들이거나 진지하게 수용할 가능성이 높아진다. 게다가 미리 글로 써서 준비한 것 자체가 노력하는 모습으로 보일 가능성이 높다. 그래서 결국 지난 잘못을 인정하거나 사과할 가능성이 높아지며, 앞으로 서로 노력하고 잘해보자는 합의를 도출하기 쉽다.

결혼 전 배우자가 될 사람에게 프러포즈를 한다고 생각해 보자. 얼마나 많은 고민과 준비를 하며, 수없이 많은 주옥같은 대사 중 어떤 표현이 좋을지 생각하지 않는가?! 그나마 프러포즈는 서로 사랑하는 사람들 간에 일어나는 긍정적 교류의 대표적인 사건이다. 따라서 조금 미숙하더라도 애정으로 덮어줄 수 있다.

그런데 싸움은 서로 호시탐탐 문제점을 물고 늘어지며, 적극적으로 공격할 태세를 갖춘 조심스러운 대화이다. 어떤 것이 더 많은 준비와 노력이 필요하겠는가? 당연히 싸움이 더 많은 준비를 필요로 한다.

그러나 싸움이라는 것 자체가 불편하고, 그 과정에서 발생하는 갈등이나 문제가 스트레스로 느껴진다. 따라서 철저한 준비보다는 회피하고 싶은 것이 인지상정이다. 그 결과 준비 없이 감정적으로 대응하기 쉬우며, 서로 감정의 골과 대립만 깊어지게 되는 결과를 낳게 된다. 준비 없이, 그리고 감정적으로 싸우게 되면, 그 결과는 뻔하다.

분명한 목표 설정과 그에 따른 철저한 준비가 필요한 것이 싸움이다. 이런 준비가 되어 있는 경우 차분하고 논리적으로 자기주장을 펼 수 있다. 그리고 상대가 감정에 휩싸이면 차분하고 냉정한 상태인 내가 이길 확률은 더욱 높아진다.

감정적으로 격앙되어 있는 권투 선수가 이기는 것을 본 적이 있는가? 화가 올라오는 순간 헛 주먹을 날리고 자기 방어가 흐트러지게 되며, 그것을 냉정하고 차분하게 보고 있는 상대 선수에게 결정적인 한방을 날릴 기회를 주게 된다.

그런데 얘기를 가만히 듣다 보니 싸움을 하는 과정이 너무 복잡하고 어렵다는 생각이 드는가? 그렇다면 싸움을 피하면 된다. 기왕 싸울 것이라면 잘 싸우고 이기라고 싸움의 기술을 말해주는 것이다.

20

얌체들 때문에 자신을 망치지 마라

더불어
살아가기

회사를 다니다 보면, 혹은 집단생활을 하다 보면, 꼭 밉상을 보이는 사람들이 있다. 학교 다닐 때에는 선생님들에게만 알랑 방귀를 뀌는 얄미운 친구가 꼭 있다. 또한 팀플에서는 자기가 좋아하는 것만을 하려고 하거나 혹은 프리 라이딩하는 얌체족들이 꼭 있다.

직장생활에서도 마찬가지이다. 상사한테만 충성하는 척(??!!)하는 사람, 자기가 하고 싶은 일이나 쉬운 일만 골라서 하는 사람, 게다가 어려운 일이나 번거로운 일은 무슨 핑계를 대서라도 남에게 떠넘기는 사람, 심지어는 내내 일도 안 하면서 월급만 따박따박 받아가는 직장 좀비들까지…. 나의 열정에 찬물을 끼얹어 버리는 얌체들이 널려 있다.

일단 하는 직장생활인데, 기왕이면 열심히 하고 잘하고 싶은 것이 인지상정일 것이다. 그러나 나의 열정과 좋은 의도를 도와주지는 못할 망정, 나의 열정에 초를 치는 사람들이 있다. 너무너무 얄미워서 열정 대신에 짜증과 열 받음을 더 느끼도록 만드는 그런 얌체들은 꼭 있다.

이런 부류의 사람들에게 시달리다 보면 어느새 나의 의욕은 떨어지고, 열심히 해서 뭐하나 하는 회의적 생각들이 들게 된다. 이런 생각들은 나도 망치고 팀도 망치는 암적 존재인 것이다. 그래서 이들과의 관계를 정리하고, 나쁜 영향을 덜 받으면서, 나의 의욕과 열정을 유지하는 방법에 대해서도 학습과 개발이 필요하다.

100% 맘에 들 수는 없다

우선은 나에게 스트레스를 주는 '얌체'들이 진짜 '얌체'인지에 대해서부터 검토해 보는 것이 필요하다. 원래 살아가면서 만나는 사람들이 100% 마음에 들 수는 없다. 이 중에는 스트레스를 엄청나게 주면서 의욕을 저하시키는 '진짜 얌체'들이 있기는 하다.

그런데 우리는 가끔 나랑 단지 '일하는 스타일'이 안 맞거나 혹은 '중요하게 생각하는 가치'들이 다른 사람들이 있는 법이다. 그리고 그런 사람들에 대해서는 부정적인 감정이 들게 된다.

그런데 엄격히 살펴보면, 이들은 우리를 짜증 나게 하는 '얌체'는 아닐 수도 있다. 그냥 나랑 스타일이 안 맞을 뿐이다. 이런 사람과 진정한 '얌체'는 구분되어야 한다.

이런 구분을 먼저 하는 이유는 단지 업무 스타일이 안 맞는 정도의 사람들과 진짜 '얌체'들이 주는 짜증과 피곤함의 정도는 극명히 다르기 때문이다.

업무 스타일이 다르거나 나랑 잘 안 맞는 사람들과도 부딪치고 갈등은 생긴다. 그래도 서로 이해는 되며, 수용 가능하기는 하다. 어쩌겠는가?! 사람들의 색깔이 다 다르고, 개성이 다 틀린 것을!! 그래도 어떻게든 서로 이해하려고 노력하며, 소통하고 교류함으로써 갈등이나 문제를 해결할 수 있는 대상들이다.

하지만 이런 사람들까지 "얌체"라는 라벨을 붙여 버리는 순간, 상대에 대한 부정적인 감정이 급증하면서 협력이나 교류 자체가 감소

될 수밖에 없다. 그래서 필요 이상으로 (부정적) 감정이 생기거나 사이가 나빠질 수 있다. 이런 불필요한 과잉 감정은 나에게 스트레스를 주게 될 뿐 아니라 문제 해결에도 도움이 전혀 되지 않는다.

단순히 스타일의 차이인지, 혹은 정말 '얌체'인지에 대해서는 다른 사람들의 평가와 의견을 수렴해 보면 된다. 나와 유사한 상황 및 관계에 있는 사람들이 대부분 '얌체'라고 평가한다면 그 사람은 많은 사람들에게 짜증을 유발하는 '얌체'가 맞다. 하지만 사람들마다 의견이 분분하거나 오히려 장점으로 보거나 좋다고 평가하는 사람이 있다면, 그것은 스타일이나 선호의 차이일 가능성이 높다.

만약 정말 '얌체'가 아니라면, 스타일의 차이를 극복하거나 타협할 수 있는 방법들에 대해 구체적으로 고민해 보고, 이를 위해 노력하면 해결된다. 하지만 진짜 '얌체'라고 하면 끓어오르는 얄미움을 해소하고, 점점 떨어져 가는 나의 의욕과 열정을 유지하기 위한 노력을 병행해야 한다.

즉, 스타일의 차이와 '진짜 얌체'는 각각 해결하거나 대처하는 방법이 다르다. 그래서 우선 명확한 구분부터 해야 한다.

얌체들의 미래는 불행이다

'얌체'는 다양한 유형들이 있다. 가장 꼴 보기 싫은 것은 상사 중심형 혹은 딸랑이형이다. 같이 있을 때는 같이 뒷담화를 엄청나게 하다가도, 정작 앞에서는 딸랑딸랑하는 사람이다. 게다가 비위 맞추기는 얼마나 잘하는지, 그 앞뒤가 다름에 대해 기가 막힐 정도인 경우가 많다.

또 다른 유형은 이기주의적이거나 지나치게 자기중심적인 사람들이다. 누가 할지가 정해져 있지 않은 애매한 일에 대해서 어찌도 그리 핑계나 변명을 대면서 빠져나가는지, 그 능력이 미꾸라지에 상응할 수준이다. 게다가 그 일을 'ㅇㅇ씨가 그런 일은 참 잘하던데..'라고 하면서 떠넘기는 모습을 보면 레슬링 선수의 엎어치기는 저리 가라 할 정도이다.

이런 얌체들의 행동을 볼 때, 일순간 열이 받고 짜증이 나는 것은 어쩔 수 없다. 하지만 가만히 생각해보자. 과연 그런 사람을 좋아하는 사람들이 있을까? 아마도 '진짜 얌체'라면 아무도 좋아하는 사람이 없을 것이다.

이기주의를 보이는 사람은 본인이 아쉬울 때 도움을 받을 수 없다. 또한 자기중심적인 사람은 다른 사람들의 호감을 얻을 수 없으며, 외로운 사회생활을 할 수밖에 없다. 만약 상사 중심형 인간에게 넘어가는 상사라면, 그 상사의 수준도 뻔한 것이다. 사람을 객관적으로 평가하지 못하고 눈앞에 보이는 알랑 방귀에 넘어갈 정도면 이나 저나 존경할만한 가치가 있는 상사는 아니다.

또한 그들의 심리적 상태는 긍정적이기 힘들다. 이기적이면서도 자기중심적인 사람의 심리적 상태는 어떨까 생각해보라. 그들은 타인들에 대한 지독한 경계심과 불신을 가지고 있을 수밖에 없다. 또한 자신이 보복을 당하거나 피해를 볼 것에 대한 걱정으로 인해 전전긍긍해하며, 항상 불안한 마음을 가지게 된다.

따라서 대인관계 상에서도 방어적이거나 호전적인 성향을 보이기 쉬우며, 타인의 행동에 대해서도 부정적으로 해석하는 경향이 높다. 즉 그들은 순간적 이익을 위해 끊임없이 내적 계산에 몰두하느라고 마음의 평화를 잃어버렸거나 항상 부정적인 상태일 가능성이 높은 것이다

즉, 일견 그리고 단기적인 관점에서는 그들이 이익을 보는 것 같으며, 내가 손해 보는 느낌이 든다. 하지만 실제로 내적 과정을 가만히 들여다보면 그렇지 않은 것이 얌체들의 인생이다. 그들의 얄팍한 술법은 간파되게 되어 있고, 오래 지내다 보면 누구나 진실을 알게 된다.

'얌체'들은 부귀영화를 위한 단기적 시각을 가지고 있으며 일시적으로는 성공한 듯 보인다. 반면 실제로는 미움을 많이 받으며 믿음과 신뢰를 못 받는 사람들일 뿐인 것이다. 그런 불행하고 불편한 그들의 인생과 심리적 상태에 낚이지 마라. 알고 보면 그들이 더 불행하다.

본인이 손해를 보지는 마라

하지만 얌체들은 계속해서 사람들을 불편하게 만든다. 그 영향이 일시적이라고 하더라도 불편한 것은 불편한 것이다.

얌체들이 주는 가장 큰 부정적인 영향은 자주 화가 나게 만드는

것이다. 그 이유는 그들의 행동으로 인해서 그들은 이익을 얻는 반면 내가 손해를 보게 된다고 느끼기 때문이다.

두 번째는 나의 내적인 의욕과 동기를 저하시키는 부정적 기능이 있다. 부정 입학이나 편법을 통해서 입사를 하는 사람들을 보면서 '열심히 하면 뭐해'라는 생각이 드는 것과 마찬가지이다. 정직하고 열심히 일하는 것이 손해 보는 것 같은 느낌을 줌으로써 나의 내적 의욕과 동기를 저하되게 만드는 기능이 있다.

중요한 것은 나 스스로가 이런 부정적인 영향에 휩쓸리지 말아야 한다는 것이다. 이는 결국 나의 손해로 돌아오기 때문이다.

자주 화가 나서 기분이 좋지 않거나 내적 의욕과 동기가 저하된다면 결국 내 손해로 되돌아오게 된다. 일에 대한 열정과 몰입이 감소하고 업무 상 효율성이 떨어질 수밖에 없다. 얌체들의 부정적 영향을 차단하고 흔들림 없이 자신의 페이스를 유지하는 것이 필요하다.

그 첫 번째 방법은 '신경 쓰지 않기'이다. 적어도 '신경을 덜 쓰기'라도 하는 것이 좋다.

나에게 소중한 사람과 나를 거슬리게 하는 사람이 있다면 당신의 에너지를 어디에 투자하는 것이 적절한가? 당연히 소중한 사람들에게 투자하는 것이 맞다. 얌체들에게 투자하거나 신경 쓰는 에너지를 전체 심리적 에너지의 10% 이하로 줄이거나, 가능하면 신경 자체를 끄는 것이 낫다.

두 번째는 균형적이고 장기적 시각으로 판단하는 것이다.

단편적인 사건이나 혹은 단기적 결과에만 집중하여 판단하지 않는 것이 좋다. 지금 당장은 그들이 이익 보는 것 같으나 균형적 관점에서 보면 편법은 부정적 평가를 받을 수밖에 없다. 또한 얌체들의 선택은 단기적으로는 이익이 될지도 모르나 장기적으로는 본인 손해를 가져오는 잘못된 선택이라는 점을 기억하라.

단, 이와 같은 정교화도 10% 이내에서만 하라. 더 열 받을 일도 없고 더 깊이 생각해서 도움될 것도 없다. 10% 이하의 에너지를 투자하고, 장기적이고 균형적 관점에서 재평가해 보라. 그럼 결론은 간단하다. 그 정도 처리하고 끝내라.

중요한 것은 그들을 단죄하는 것이 아니다. 더욱 중요한 것은 나의 안정과 마음의 평화이다. 괜히 얌체들에게 낚여서 마음의 평화를 놓치지 말고, 스스로를 보호하는 방법을 선택하는 것이 이익이다.

얼마 전 모 방송에서 평상시에는 연락이 한 번도 없다가 자기 결혼식이나 애들 돌잔치에만 연락해서 축의금을 받아먹는 얌체 같은 친구들에 관한 내용으로 토론하는 것을 본 적이 있다. 또한 그렇게 축의금을 받고는 다시 연락을 끊는 '아주 열 받게 하는 친구'들을 어떻게 하면 좋을 것인가?
이에 대한 해결방법은 아주 단순하다. 그런 친구들은 안 보면 된다. 그리고 문제가 되는 부분에 대해서 욕을 하면 된다. 그런 친구들을 계속 상대해 봐야 본인에게 이득이 없다. 왜냐하면 그 친구들은 안 변할 것이니까!!
그리고 앞으로도 계속 그런 행동을 보일 것이니까!!

이를 위해서는 한 번은 제대로 객관적이고 균형적으로 판단을 해보는 과정은 필수이다.

얌체 같은 친구에 대해서 굳이 계속 연락을 하는 나의 심리적 기제는 무엇인지? 그리고 좋은 마음으로, 혹은 '그래도 친구니까'라는 나의 기대나 생각을 그 친구도 할 것인지?(단, 나와 동일한 수준으로 할지, 혹은 그 친구는 무척 다른 생각과 기대를 할지에 대하여!)

그리고 이와 같은 판단의 중심에는 내가 있어야 한다. 나의 행복과 안녕을 위하여 과연 어떻게 하는 것이 좋은지에 대해서 객관적이고 냉정하게 판단해보라.

생각보다 결론은 쉽게 난다. 만약 내가 항상 손해 보고 계속해서 열이 받을 것 같다는 생각이 들면 그 친구와 연을 끊으면 된다. 그게 영 마음에 걸린다면, 그 친구가 했던 것보다 5배 정도 따뜻하게 마음만 전하라. 마음만 전했다고 서운해하면서 연을 끊자고 하면 끊으면 된다. 왜냐하면 그 친구는 나를 돈으로 보는 것이 확실하니까!

내가 다치지 않는 것이 제일 중요하다. 내가 다치지 않으려면 한 번은 제대로 균형적이고 객관적 견지에서의 평가가 필요하다. 그래야 얌체들에게 낚이지 않게 된다. 건강하고 행복한 마음을 바탕으로 나에게 소중한 사람들에게 집중하고 투자하는 것이 더 큰 행복을 가져온다.

함부로
사표를
던지지 마라

⊞ Part Five

지금 그리고 앞으로도 직장생활을 할 것이라면, 현재 이후의 내 생활 중 상당 부분을 직장에서 보내게 될 것이다. 좋건 싫건 간에 직장은 내 삶의 터전이다. 그리고 나와 나의 가족, 그리고 소중한 사람들을 돌보는 데 필요한 재화를 얻는 데 있어서 가장 필요한 영역이다.

그렇다고 한다면 가능한 한 양질의 직장생활을 하는 것이 중요하지 않을까? 직장생활의 질을 결정하는 가장 핵심적 요소가 바로 '행복'이다. '행복한 직장생활'이란, 앞으로 내 시간과 에너지를 엄청나게 쏟아부어야 하는 직장에서, 가능하면 최선을 다하여 좋은 결과를 얻음과 동시에 즐겁고 행복한 시간을 보내는 것을 의미한다. 이를 위해서는 고려해야 할 요소들이 있으며, 그와 관련된 노력들이 필요하다.

행복한
직장생활 하기

21
나의 미래를 꿈꾸라

행복한
직장생활하기

인생은 장기전이다. 42.195Km나 뛰어야 하는 마라톤과 같은 것이다.

마라톤은 전체 코스를 고려하여 초/중/후반 코스에 대한 계획을 충실히 수립하고, 수립한 계획에 따라 철저하게 페이스를 조절해야만 완주할 수 있다. 만약 초반에 에너지를 너무 써버리면 후반부에 체력이 떨어져 중도에 포기할 수밖에 없다. 대신 초반에 너무 뒤떨어지면 나중에 이를 따라잡기 힘들어진다.

코스에 대한 세밀한 사전답사와 초반 페이스 조절 및 중후반 코스에 대한 예측과 계획 등을 해야 하는 종합적 접근이 필요하다.

인생도 마찬가지이다. 현재에 집중하는 것도 필요하지만, 장기적인 관점과 안목을 가지고 사는 것이 필요하다. 초반에 성공한 것 같다고 해서 그것이 나중의 성공을 보장하지 않는다. 반면 별로 잘 나가는 것 같지 않던 사람이 점차로 빛을 보는 경우도 흔히 볼 수 있다. 속된 표현 중에 '첫 끗발'이라는 말과 '대기만성'이라는 사자성어가 괜히 있는 것이 아니다.

그럼 과연 인생이라는 마라톤은 어떻게 해야 하는 것일까? 인생이라는 마라톤에서 성공하기 위해서도 많은 준비와 노력이 필요하다.

평생직장의 시대는 갔다

이제 평생직장의 시대는 갔다. 더 정확하게 말하면 한 직장에서 평생을 보낼 수 있는 기간(최대한 정년까지 근무한다고 가정한다고 해도)에

비하여 인간이 더 오래 살게 되었다.

우리나라를 기준으로 2012년 출생자의 기대수명이 이미 80세를 넘었으며, 이제는 100세 시대를 준비해야 하는 것이 현실이다. 그리고 신체 수명보다 더 중요한 건강수명(질병이나 건강 상의 문제가 없이 활동적으로 생활할 수 있는 기간)은 현재도 70세 수준이며, 앞으로는 더욱 길어질 거라 예상할 수 있다.

건강수명이 중요한 이유는, 이 기간 동안에는 어떤 것이든 생산적인 활동을 수행해야 하기 때문이다. 그렇지 않다면 침체감에 빠지거나 활력을 잃기 쉽다. 신체가 건강하고 정신이 맑음에도 불구하고 의미 있는 활동 없이 시간을 보내면 자존감이 떨어지고 우울감에 빠지게 된다.

그래서 건강수명이 다할 때까지는 자신의 가치를 유지할 수 있는 '일'이 있어야 한다. 그리고 일을 통해 의미 있는 성과를 만들어내야 한다. 이런 과정을 거치면서 나 자신의 가치를 계속해서 확인할 수 있으며, 자기존중감도 유지된다.

그런데 우리가 현재의 직장에서 정년퇴직을 한다고 가정을 해도 보통은 60세이다. 그렇다면 정년퇴직을 한 후에도 약 10여 년의 공백이 생긴다. 게다가 직장인 중 정년까지 채우고 직장을 퇴직하는 비율은 12.7%(2018년 기준)에 불과하다. 더욱이 실제 평균 퇴직 연령은 49세라는 점을 고려한다면, 현재의 직장을 퇴직한 후에도 10년 이상 새로운 직장이나 다른 직업을 가지고 살아야 한다.

즉 어떤 방법이라도 적극적인 활동을 할 수 있는 연령(건강수명)까지 열심히 직장생활을 해야 한다고 가정한다면, 현재의 직장 혹은 한 직장에서 평생을 몸담고 살 수 없다는 것이 현실이다. 평생직장의 시대는 갔으며, 어느 누구라도 앞으로 있을 변화에 대해 준비하고 대비해야 하는 것이 숙명이다.

항상 준비하라

하지만 모든 직장이, 혹은 모든 직장인이 다 그런 것은 아니다. 대기업의 경우 정년퇴직 후에도 업무에 대한 전문성을 인정하여, 70세까지 계속해서 일하는 경우도 있다. 또한 외국계 기업이나 IT 업계의 경우에는 정년이라는 개념 자체가 희박하고 이직이 일반화된 경우도 많다.

그런데 이런 현상은 현재 기준이며, 앞으로도 계속될 것이라는 보장이 없다. 비즈니스 환경은 끝없이 변화하고 있으며, 영속할 줄 알았던 기업이 쓰러지기도 하고 새로운 기업들이 혜성처럼 등장하기도 한다. 그리고 4차 혁명이 도래한 시점에 앞으로의 직장환경이 어떻게 변화할지, 그리고 어떤 비즈니스의 변화들이 발생할지에 대해 정확히 예측하기도 어려운 것이 현실이다.

이와 같은 작금의 상황을 고려할 때, 어떤 준비를 해야 하는지는 명확하지 않으나 분명한 것은 역동적인 변화가 지속될 것이라는 점이다. 즉 변화에 대하여 항상 준비하고, 예측하려고 노력하며, 필요시 이에 잘 대응할 수 있어야 한다.

그럼 이에 대응하는 방법은 무엇인가?

자신의 미래와 관련하여 미리부터 준비하고 예상하는 것이 필요하다. 가장 먼저 자신의 5년 후, 10년 후, 그리고 주요 연령대별(40대, 50대, 60대, 70대 등)로 목표를 세우고 준비하라. 이런 목표와 준비가 그나마 변화에 잘 적응할 수 있도록 도울 수 있다. 목표는 세 가지 차원에서 수립해야 한다.

첫째, 플랜 A는 현재 나의 직장을 기준으로 하여 나의 미래를 계획하는 것이다. 나의 직장에서 5년 후와 10년 후 어떤 모습이 되어 있을지를 예상하고, 그에 따라 준비해야 한다. 내가 현재의 직장에서, 그리고 지금 하는 직무를 계속해서 수행한다면 어떤 목표를 세울 것이며, 이를 달성하기 위해서는 어떤 준비가 필요한지를 고려하라.

만약 승진에 대한 욕심이나 기대가 없다면 현재의 업무에만 집중해도 된다. 하지만 장기적으로 승진에 대한 요구나 기대가 있다면, 그에 따라 자신의 경력이나 성과를 관리할 필요가 있다. 더불어 '내가 만약 상사라면?'이라는 가정 하에 현재의 상황을 재해석해보고 나름대로의 대처 방안을 구상해보는 습관도 유용하다.

둘째, 플랜 B는 '내가 만약 현재의 직장을 그만둔다면?'이라는 전제 하에 목표와 계획을 수립하는 것이다

혹은 '내가 만일 6개월 후 이직을 해야 한다면?'이라고 가정해보면 된다. 즉 6개월 후 내가 채용 시장에 상품으로 나온다면, 나의 상품성은 어느 수준이며 어떤 평가를 받을 것인지 고려해 보라. 과연 그때도 시장에서의 가치가 충분할 것인지를 생각해 보면 된다.

만약 그때에도 충분한 시장 가치를 가지고 있을 것이라 판단된다면, 지금과 같은 노력을 지속하는 것만으로도 충분하다. 하지만 현재 직장의 테두리를 벗어나는 순간 나의 상품성이 떨어질 것이라 예상된다면, 상품성을 높이기 위한 장기적 관점의 노력을 기울여야 한다. 어떤 상품성을 가지고, 어느 정도의 가치를 가질지를 결정하면, 이후의 세부 목표와 단계적 계획은 자연스럽게 결정된다.

셋째, 플랜 C는 '개인생활에서의 목표와 계획'을 수립하는 것이다

나의 인생에서 직장은 당연히 중요하다. 하지만 직장이 내 삶의 전부는 아니지 않은가?! 직장을 제외한 내 개인적 생활에서의 목표와 계획을 수립하는 것도 반드시 병행되어야 한다.

그것이 나의 결혼일 수도 있고 자녀의 혼인일 수도 있다. 또한 진학을 하고 싶거나 퇴직일 경우도 있다. 혹은 개인적으로 성취하고 싶은, 어렸을 때부터 가졌던 꿈과 희망이 있을 수도 있다. 그 어떤 것이든 미리 생각하고 고려해 본다면, 그것을 달성하기 위한 나름대로

의 목표와 계획이 생길 것이다.

작은 실천을 시작하라

그런데 이런 수많은 목표와 계획을 수립하고 지키는 것이 가능할까? 물론 불가능하다. 그리고 이와 같은 계획을 모두, 그리고 반드시 지켜야만 하는 것은 아니다. 그럼 고생고생해서 이런 목표와 계획을 수립하는 이유는 무엇인가?

목표나 계획을 철저히 실행하면 가장 좋다. 하지만 현재의 업무만으로도 벅찬 직장인에게 그것은 불가능에 가까운 일이다. 하지만 상시적인 목표와 계획, 그리고 그에 기반한 철저한 준비가 있을 때, 현재에 대한 안정감을 가질 수 있다. 즉 미래에 대한 목표와 계획이 분명한 경우, 현재의 집중력과 효율성이 높아져 지금 하는 업무성과가 증진된다.

게다가 이와 같은 상시적인 준비는 미래에 다가올 변화에 좀 더 능동적으로 대처할 수 있는 가능성을 현저하게 높여준다. 향후 다가올 미래를 정확히 예측하는 데에도 도움이 되며, 막상 변화에 직면하였을 경우 좀 더 효과적으로 대응할 수도 있다.

변화, 미래, 경력개발 등의 표현은 그 자체만으로도 머리가 아프다. 하도 많이 듣고 여러 곳에서 강조하는 탓에 얘기만 들어도 피곤해지고 심리적인 부담감이 증가하게 된다. 이런 증상을 '변화피로증후군'이라고 한다. 즉, 변화에 대처하고 적응하는 것이 당연히 필요하기는 하나, 잦은 언급과 변화 자체의 부담스러움으로 인하여 심리적인 피로감을 느끼기 쉽다.

이런 경우 변화 자체에 대한 부정적인 인식이 증가하고, 실제 변화가 필요한 상황에서 현실적 대응을 하지 못하게 될 수도 있다. 이를 극복하기 위해서는 나의 에너지의 10%만 변화에 투자한다는 마음가짐을 가지는 것이 좋다. 너무 많이, 그리고 너무 열심히 변화를 생각하거나 고민하지 말고, 단 10%만 투자하고 노력한다고 생각하라.

이를 현실화하는 좋은 방법은 일일일행(一日一行)하는 습관을 들이는 것이다. 앞으로 닥칠 변화에 대해서 고민하느라고 머리가 아프고 피곤해지기보다는 하루에 하나씩 좋은 습관을 들인다는 가벼운 생각과 마음으로 접근하라. 하루도 부담스러우면 이삼일에 한번, 혹은 일주일에 한 번 정도만 노력해 본다고 생각하라.

즉 나의 에너지 중 10%만 투자하여, 하루에 하나씩만 습관을 바꾸어 간다는 가벼운 마음가짐, 이것이 바로 변화에 대처하는 올바른 자세이다.

과연 사람은 어떻게 변화를 이루어 낼까? 변화는 세 가지 단계를 통해서 이루어진다. 그 첫 번째는 변화가 필요하고 중요하다는 내적 동기를 가지는 것이며, 두 번째는 그에 기반하여 구체적인 목표와 계획을 수립하는 것이다. 마지막 단계는 이를 실천함으로써 나의 것으로 만드는 것이다.

많은 직장인들이 직장생활을 하면서 불안정한 현재와 불확실한 미래에 대해서 걱정한다. '변화가 필요한가'라는 질문에 대해서는 당연히 '그렇다'라고 대답할 것이다. 그러나 변화라는 이슈는 상당한 부담과 스트레스를 줄 수밖에 없다.

내적 동기를 가지고 변화에 적응하기 위한 목표와 계획을 수립하는 것에서 그쳐버리는 경우도 많다. 이 정도 수준에서 '나는 충분히 고민하고 준비했어!!'라고 생각하며 스스로를 달래고 위로한다. 물론 걱정이라도 하는 것이 아무것도 안 하는 것보다는 낫다. 하지만 이것 만으로는 충분하지 않다. 궁극적인 변화는 실천에서 나오는 것이라 생각하자. 걱정하는 것만으로는 충분하지 않다. 올바른 방향으로 변화하기 위해 나의 목표와 계획을 수립하는 습관을 들이자. 그리고 하루에 하나씩 실천하겠다는 작은 결심과 작은 실행을 시작하자.

'평행선의 오차'라는 말이 있다. 즉, 현재는 그 오차가 크지 않고 뚜렷하지 않으나, 나중에는 큰 차이를 보인다는 것을 의미한다. 현재의 작은 실천이 후일 충분한 경쟁력을 보유하도록 해주며, 어떠한 변화에도 당당하게 맞서는 자기 자신을 만들어줄 수 있다. 장기적인 관점에서의 계획과 단기적 측면의 몰입과 집중이 병행되어야 한다.

행복한
직장생활하기

우리나라에서 가장 많이 사용하는 외래어 1위가 무엇인지 알고 있는가? 바로 '스트레스'이다. 그만큼 스트레스는 우리 주변에 널려 있다. 직장인은 직장 내에서 항상 '스트레스'를 경험한다. 그리고 가족 내에서는 '가사 스트레스'와 '육아 스트레스'라는 것이 존재한다. 그리고 학생들의 경우에도 당연히 '학업 스트레스'를 경험할 수밖에 없다.

종종 나에게 찾아오시는 내담자분들 중 '직장 내 스트레스가 너무 심합니다!!'라고 호소하는 경우가 있다. 이를 해결하는 방법은 간단하다. 직장을 그만두면 된다. 하지만 직장을 그만둔다고 해서 모든 스트레스가 다 없어질 것이라 생각하는가? 그렇지 않다. 직장을 그만두는 대신에 다른 스트레스들이 생기게 될 것이다.

스트레스는 우리가 열심히 살아가고 성공을 만들어 가는 과정에서 발생하는 그림자와 같다. 햇빛이 밝으면 그림자가 더 선명하듯이, 큰 성공을 위해서는 동반되는 스트레스도 강할 수밖에 없다. 즉, 우리는 어느 정도 스트레스와 더불어 산다는 것이 정답이다.

하지만 이런 스트레스는 우리를 지치게 하고 힘들게 한다. 그래서 적극적인 관리와 대처가 필요하다. 만약 스트레스를 제대로 인지하지 못하거나 혹은 효과적으로 관리하지 못한다고 하면 어렵게 얻은 성공의 과실을 제대로 즐기지 못할 수도 있다. 그래서 스트레스에 대해 제대로 알고, 제대로 관리하고, 제대로 해결할 수 있어야만 한다.

스트레스란 무엇인가?

스트레스란 '심리적 및 신체적 긴장상태'를 말하는 것으로써, 상황적인 요구를 개인의 반응 능력이 감당하지 못할 때 발생한다. 즉, 상황적인 로딩이나 부담이 너무 커져서 개인이 감당할 수준을 넘어서는 경우 신체적인 피로감 및 심리적 부담감을 경험하는데, 이를 '스트레스'라고 칭한다.

이와 같은 일반적인 정의 상에서 보면, 잦은 야근으로 신체적으로 지쳐 있는 직장인은 스트레스에 빠져 있는 것이다. 또한 새로운 직장에 적응하느라고 마음고생이 많은 사람도 스트레스를 경험하고 있는 것이라고 보면 된다.

개인적 생활에서도 대학입시를 위해서 마음 졸이는 수험생의 스트레스는 매우 높은 것이 당연하다. 게다가 사랑의 결실인 아이가 태어난 초보 부모의 경우 한없이 기쁨을 경험하기는 하지만 육아는 처음이기 때문에 겪을 수밖에 없는 걱정과 시행착오도 역시 스트레스이다.

스트레스에는 두 가지 핵심적 요소가 있는데, 하나는 긴장상태라는 점이며, 다른 하나는 상황적인 요구와 개인이 감당할 수 있는 능력 간의 균형이라는 점이다. 상황적인 요구가 크지 않아 개인이 감당할 수 있는 범위 내라면 긴장 상태는 높지 않은 수준일 것이다. 이런 상황은 스트레스를 느끼지 않거나 혹은 가벼운 정도의 스트레스만을 경험하기 때문에 심리적으로 크게 부담되지는 않는다.

반면 개인이 감당할 수 있는 능력에 비하여 상황적인 요구나 부담이 크다면, 그런 상황에서는 긴장 수준이 높아지며 이는 뚜렷한 스트레스가 된다. 또한 자신이 생각하는 능력 수준을 넘어서는 도전적인 과제를 해야 하거나 이전까지 해보지 않았던 새로운 일을 시작해야 하는 상황에서도 긴장 수준은 높아지며 높은 수준의 스트레스를 경험할 수밖에 없다.

　　그런데 여기에서 고려해야 할 중요한 점은 상황적인 요구에 대한 평가와 이를 감당해야 하는 개인의 능력 수준 모두 주관적인 평가라는 것이다. 객관적인 상황적 요구 자체, 그리고 이를 감당해야 하는 개인의 능력 수준에 대한 객관적인 수준 자체가 중요한 것이 아니라, 이들에 대한 개인의 주관적인 평가가 더욱 중요한 요소인 것이다.

　　상황적 요구 자체는 객관적인 것이다. 만약 동일한 상황이라면 모두가 동일한 수준의 스트레스를 경험해야 한다. 하지만 실제로는 그렇지 않다. 어떤 사람은 그 상황을 매우 부담스럽게 느끼면서 높은 긴장과 스트레스를 경험하지만, 다른 사람은 대수롭지 않게 여기지 않기도 한다. 즉 객관적인 상황이나 혹은 능력 수준 자체보다도 더 중요한 것은 그 상황을 지각하는 개인의 성향이나 특성, 그리고 스스로 생각하는 반응 능력 수준이 더욱 큰 영향을 미친다.

　　어떤 상황이라도 그 상황을 스스로 감당할 수 있다고 생각하는 경우에는 스트레스를 덜 지각하는 경향을 보인다. 하지만 그런 상황을 감당하지 못할 것이라는 예상하고 걱정하는 것 자체가 스트레스를 심화시킬 수 있다.

예를 들어, 안정된 자신감을 보유하고 있고 스스로에 대한 유능감이 높은 사람(즉, 상황에 대한 스스로의 반응 능력을 주관적으로 높게 평가하는 사람)은 어떤 상황이라도 스트레스를 덜 경험한다. 하지만 원래 걱정이 많고 부정적인 예상을 많이 하는 사람(즉, 상황적 요구를 크게 느끼거나 혹은 스스로의 반응 능력이 부족하다고 생각하는 사람)은 스트레스를 더 크게 경험하게 되는 것이다.

이와 같은 주관적인 요소들은 심리적인 속성을 가지고 있다. 그래서 사람마다 다 다르게 스트레스를 느낄 수밖에 없는 것이며, 본인의 스트레스 대처 패턴에 대하여 정확하게 알고 있어야 이를 관리할 수 있게 된다.

스트레스 프로세스

일반적인 스트레스 해소 방법이라고 알려져 있는 방법들이 있다. 요가나 명상, 혹은 술 한잔 걸치고 노래방에 가서 신나게 노래하고 놀기, 아니면 쇼핑이나 먹방 등 다양한 방법들이 있다. 과연 이런 방법들이 효과적인 것일까? 그 대답은 '맞다'이기도 하고, '아니다'이기도 하다.

즉, 어떤 사람에게는 맞는 얘기이기도 하지만, 다른 성향의 사람들에게는 맞지 않을 수도 있다는 것이다. 또한 이미 받은 스트레스를 해결하거나 혹은 해소하는 데에는 적절하지만 '스트레스를 받지 않는 것'이 가장 좋은 스트레스 대처 방안이라는 점을 고려한다면 부분적으로만 맞는 얘기이다.

이를 정확하게 이해하기 위해서는 스트레스를 느끼고 해결하게 되는 일련의 과정에 대하여 알고 있어야 한다. 스트레스는 총 3가지 단계들로 구성되어 있는 통합적 과정이다. 그 첫 번째는 '스트레스를 인지'하는 것이며, 두 번째는 '지각된 스트레스에 대한 내적 처리' 과정이고, 세 번째는 '축적된 스트레스를 해결 및 해소'하는 과정이다. 이 세 단계들 각각에 대해 정확하게 이해하고, 개별 단계에 적절한 대처 방안들을 학습하고 개발하는 것이 필요하다.

첫째, 자신이 경험하고 있는 스트레스를 정확하게 인지하는 것이 가장 먼저 선행되어야 한다

자신의 상황에서 어느 정도의 스트레스를 받고 있는지(스트레스의 양), 및 어떤 점에서 스트레스를 받고 있는지(스트레스 원인)를 잘 알고 있어야 한다. 스트레스에 대한 정확한 인지가 선행되어야 효과적인 관리가 가능하다.

자신이 스트레스를 받고 있는지도 잘 모른다면, 스트레스로 인하여 나의 신체적 및 심리적 에너지가 소진된다는 것도 못 느낀다. 따라서 이미 에너지의 소진이 시작되었음에도 불구하고 이를 느끼지 못하다가, 한꺼번에 몰려오는 것처럼 느껴진다.

아니면 스트레스 대처나 해결을 시도할 기운마저도 없는 기진맥진한 상태에서 스트레스를 인지하게 되기도 한다. 이런 경우에는 결국 스트레스에 대처하고 해결할 에너지가 부족하여 사소한 스트레스에도 압도되어 버리거나 혹은 효과적인 해결이 어려운 지경이 되고 만다.

반면 필요 이상으로 스트레스에 민감할 필요도 없다. 스트레스 자체만으로도 힘든데, 굳이 더 힘들 이유는 없지 않은가?! 또한 스트레스의 원인을 정확히 모른다면 스트레스 원인을 피하거나 해결하지 못한 채 지속적으로 노출될 수밖에 없다. 이는 스트레스로 인한 부작용이나 문제를 증가시키게 되며, 결국 스트레스의 양을 급격히 증가시킬 수밖에 없다.

예를 들어 관계지향적(대인관계를 중시하고 그 과정에 민감한 사람들)인 사람들의 경우, 대인관계 상 갈등이나 문제가 있거나 혹은 있을 것이라 예상하면서 스트레스가 극대화된다. 즉 대인관계에서 스트레스를 많이 받으며, 필요 이상으로 스트레스에 민감하여 스스로를 지치게 한다.

반면에 과제지향적(대인관계에 대한 관심이나 동기가 부족한 사람들)인 사람들의 경우, 대인관계에서 경험하는 스트레스나 불편감을 잘 못 느끼는 경우가 많다. 따라서 필연적으로 받을 수밖에 없는 사람 간 스트레스를 인지하지 못하게 되며, 결국 적극적 대처나 시의적절한 해결도 못하게 된다.

즉, 자신이 경험하고 있는 스트레스에 대하여 정확하게 인지하는 것이 필요하다. 세부적으로는 스트레스의 양(얼마나 스트레스를 받고 있는지?)과 스트레스의 원인(무엇 때문에 스트레스를 받고 있는지?)을 인지하는 것이 가장 먼저 선행되어야 한다.

둘째, 지각된 스트레스에 대한 내적 처리 과정 상 문제들을 개선할 필요가 있다 특히 생각이 너무 복잡하고 많은 경우, 필요 이상으로 스트레스와 관련된 내적 부담을 증가시키게 된다. 반면 스트레스에 대해서 너무 쉽게 간과하거나 혹은 스트레스 원인을 분석하거나 해결하지 않는 것도 결과적으로는 스트레스를 심화하게 된다.

스트레스가 없을 수는 없다. 하지만 스트레스에 대하여 지나치게 부정적으로 받아들이거나 혹은 너무 몰입해서 처리할 필요는 없다. 대표적인 예가 '미리 걱정하기' 및 '확산해서 생각하기' 등이다. 현재 발생한 스트레스 사건으로 인하여 발생할 수 있는 향후 부정적 사건에 대해서 미리부터 생각해서 걱정하고 염려하는 경우 스트레스가 두세 배로 증가할 수밖에 없다.

또한 스트레스 원인에 대해서도 적극적인 대처와 해결이 필요하다. 이를 적절히 적용하지 않는다면 스트레스가 반복되거나 스트레스 상황에 지속적으로 노출될 수밖에 없다. 만약 업무 과중이 문제라고 하면, 업무를 줄이거나 효율성을 높여 업무 부담을 줄일 수 있는 방법을 고안해야 한다. 혹은 대인관계 상 갈등이 원인이라고 하면, 갈등이나 불편감을 해소할 수 있도록 상호 간에 화해를 하거나 담판을 짓는 것이 필요하다.

셋째, 축적된 스트레스를 해소하는 단계도 반드시 필요하다

축적된 감정, 특히 스트레스와 관련된 지친 마음이나 부정적 감정들이 내 안에 남아있는 경우 나의 심리적 상태에 안 좋은 영향을 끼칠 수밖에 없다. 전반적인 심리적 활력을 떨어뜨리기도 하며, 기분 상태를 안 좋게 만들 수 있다.

감정은, 특히 부정적 감정은 발산이나 해결을 통해 내 마음속에 잔재를 남기지 말고 해소하는 것이 좋다. 신체적인 피로감이 많은 경우 전반적인 활력과 효율성이 저하되듯이, 스트레스로 인한 부정적 감정의 찌꺼기들은 나의 심리적 활력과 효율성을 저하시킨다.

부정적 감정을 해소하기 위한 가장 효과적인 방법은 표현이다. 친한 사람들과 수다를 하면서 이를 표현할 수 있다. 혹은 노래방에서 소리를 질러가면서 간접적으로 발산할 수도 있다. 그래도 해결이 안 된다고 하면 전문가를 찾아가서 집중적이고 효과적인 방식으로 묵은 감정들을 해결할 수도 있다. 어찌 되었건, 속에 담고 있는 것은 좋지 않다.

표현과 더불어 병행해야 할 것은 치유하는 것이다. 신체적 상처에는 약을 바르고 반창고를 붙이거나 심한 경우라면 깁스를 해서라도 보호해야 하는 경우도 있다. 마찬가지로 심리적인 상처에도 치유가 필요하다.

이에 적절한 방법은 주변의 사람들로부터, 혹은 스스로의 위로와 지지가 효과적이다. 만약 상처가 있음에도 불구하고 치료하지 않는

다면 덧나거나 더 큰 문제로 확산되기도 한다. 마음의 상처도 마찬가지이다. 그냥 놔두는 것이 아니라 적극적인 치유를 통해 더 빨리, 그리고 잘 낫도록 해주는 노력이 필요하다.

나에게 맞는 방법을 개발하라

스트레스를 날려버리기 위해 가장 중요한 것은 스트레스의 세 단계 간의 균형과 조화이다. 스트레스에 대한 인지와 처리, 그리고 해소 중 한두 가지 단계에만 초점을 둔다면 궁극적인 해결과 개선을 이루기 어렵다. 세 가지 단계들에 대한 순차적이면서도 각 단계별 초점을 고려한 종합적 접근이 필요하다.

이에 더하여 자신에게 맞는 방법을 개발하고 학습하는 것이 필요하다. 신체적인 운동 방법의 경우에도 나에게 맞는 방법이 있듯이, 심리적인 스트레스 해결 방법에도 자신에게 맞는 방법이 있다. 그중 가장 영향을 많이 끼치는 것이 성격이다.

앞서 논의한 대로 관계지향적인 사람의 경우, 심리적 만족감의 근원이 대인관계이기는 하나 사람 관계에서 스트레스도 많이 경험한다. 반면에 과제지향적인 사람들은 사람 관계에서 스트레스를 받지 않는다고 생각하기 때문에 관련된 스트레스를 효과적으로 처리하지 못하기도 한다.

또한 내향적인 사람들은 스트레스 처리 과정 상 너무 심각하고 진지하게 생각하기 때문에 스트레스의 강도가 강해지며, 나의 책임이라 생각하거나 스스로에 대해 비난하는 경향이 있기도 하다. 스트레스의 해소나 해결의 경우, 혼자 조용히 자기만의 시간을 가짐으로써 심리적 기력을 회복할 수 있다.

반면에 외향적인 사람들의 경우에는 스트레스 원인을 분석하고 해결하는 것을 소홀히 하는 경우가 많다. 그래서 스트레스에 지속적으로 노출되기 쉽다. 그리고 스트레스의 해소나 해결의 경우에도 행동적 발산이 유용하다.

예를 들어, 스트레스 상황이 심해지면 내향적인 사람은 혼자 만의 시간을 가지면서 생각을 정리하는 것이 유용하다. 그래서 혼자 산행을 하거나 아주 친하고 익숙한 친구와 소주잔을 기울이며 마음 정리를 하는 것이 바람직하다.

반면에 외향적인 사람의 경우에는 강렬한 비트가 섞인 흥겹고 유쾌한 음악이 귀청을 때리는 곳에서 여러 사람들과 왁자지껄한 술자리를 가지면서 에너지를 회복한다. 아니면 동호회에서 하는 활발한 액티비티를 하고 나면 개운해지는 느낌을 가지기도 한다.

스트레스의 원인에 따라서도 다른 해결 접근이 필요하다. 일반적인 경우 직장인의 스트레스는 일과 사람이며, 일과 사람은 각각 해결하거나 접근하는 방법이 다를 수밖에 없다.

일과 관련된 이슈의 경우, 자신의 적성이나 흥미에 맞지 않는 경우 스트레스가 높아진다. 또한 열심히 했음에도 불구하고 충분한 인정이나 보상을 받지 못한다고 느끼는 경우 스트레스를 받게 된다.

이를 해결하는 방법은 자신의 정확한 적성과 흥미를 우선 인지하고, 현재의 일이 과연 나의 적성이나 흥미와 맞는지에 관한 적합도 평가를 해 보는 것이다. 나와 맞지 않는 일을 하는 것은 상당한 스트레스를 주게 된다. 또한 자신의 업적에 대해 인정받기 위해서는 우선적으로 성과를 만들어 내고 그에 따른 인정을 받기 위한 방법들을 찾아야 한다.

즉 일과 관련된 이슈의 경우에는 논리적 분석에 기초한 합리적이고 현실적인 문제 해결을 통해 스트레스가 감소하고 만족감이 높아질 수 있다. 반면 사람과 관련된 이슈의 경우, 해결방법은 정답이 없다. 왜냐하면 대인관계란 서로 다른 성향과 내적 요구를 가진 상대방과 나와의 역동적 상호관계 속에서 이루어지기 때문이다.

직장 내 사람 사이의 관계 패턴은 상사나 부하의 경우 각각 정답이 다르다. 그리고 같은 상사라고 하더라도 이전 상사에게는 효과적이었던 방법이 다른 성격을 가진 이번 상사에게는 맞지 않을 가능성이 높다. 즉, 각양각색의 색을 가진 사람들끼리, 각 사람들의 성향과 상태, 그리고 상황적인 요인들에 의해 수천, 수만 가지의 정답과 해결 방법이 나올 수 있는 것이다.

어찌 되었건, 나의 상황과 나의 특성을 고려한 나만의 방법을 발견하고 이를 적용하는 것이 가장 중요하다. 일반적이고 원론적인 방법들은 소용없다. 나에게 맞는 나만의 방법이 중요하다. 만약 지금까지 스트레스가 잘 해결되지 않고 계속 쌓여간다면, 내가 지금 적용하는 방법이 나에게는 맞지 않는 방법일 가능성이 높다. 나에게 맞는, 나만의 방법을 고안해서 활용하라.

모든 사람은 행복하기를 원한다. 아마도 행복을 원하지 않는 사람은 없을 것이다.

행복하기 위해서는 두 가지를 잘해야 한다. 첫 번째는 가진 것의 소중함을 느끼는 것이며, 두 번째는 스트레스를 잘 해소하고 해결하는 것이다. 이 두 가지 간의 균형과 조화가 잘 이루어져야 진정으로 행복할 수 있다. 이 때문에 스트레스는 적극적으로 대처하고 해결하는 것이 반드시 필요하다.

스트레스에 대처하는 데 있어서 가장 나쁜 습관 중 하나가 회피이다. 회피를 한다고 해서 해결되는 것은 아무것도 없으며, 실제로는 스트레스가 계속 축적되어 가고 있는 중일뿐이다. 그리고 나중에 더 큰 아픔의 물결에 휩싸이고 만다. 고민하거나 아픈 마음을 부여잡고 있다고 해서 해결되는 것은 없다.

현실적으로 스트레스의 원인과 현상을 분석하고 평가하는 것이 선행되어야 한다. 그리고 그 결과에 따른 효과적인 해결방법들을 실행하는 것이 훨씬 더 유익하다.

행복한
직장생활하기

워라밸이란, 'Work와 Life의 Balance'의 줄임말로써 직장생활과 개인생활 간 조화와 균형의 중요성을 강조하는 표현이다.

그런데 이 워라밸은 단순히 개인생활과 직장생활 간의 균형 만을 말하는 것은 아니다. 개인생활과 직장생활 간의 균형도 중요하지만 그 안에서의 비율도 중요하다. 그 안에서의 비율이란 각각의 영역 상 긍정적인 측면과 부정적인 측면의 비율을 지칭한다. 즉 직장 안에서 나름대로의 스트레스도 있으나 어느 정도의 긍정적 측면들이 갖추어져 있어야 하며, 개인생활에서도 긍정적 사건들과 스트레스 간의 비율도 고려해야만 한다.

이를 도식화하여 보면 다음과 같다.

행복 및 긍정 사건

	직장생활 중 행복 / 긍정 사건	개인생활 중 행복 / 긍정 사건	
①			③
직장 생활			개인 생활
②			④
	직장생활 중 스트레스 / 부정 사건	개인생활 중 스트레스 / 부정 사건	

스트레스 및 부정 사건

워라밸의 4가지 영역

물론 4가지 영역이 모두 동일한 비율을 가져야 한다는 것은 아니다. 사람에 따라서는 직장생활 영역이 더 클 수도 있으며, 또 다른 사람은 개인생활 영역이 더 클 수도 있다. 그리고 상황이나 조건에 따라서는 행복하거나 긍정 사건이 더 많은 경우가 있을 수도 있으며, 혹은 그 반대의 경우도 있을 수 있다.

중요한 것은 4가지 영역에 대하여 개별적으로 접근해야 하며, 각 영역별로 해결하거나 개선하는 방법도 다르다는 점이다. 개인생활과 직장생활은 당연히 다르다. 그리고 개인생활에서의 행복을 증진하는 방법과 직장생활에서의 긍정 사건을 증가시키는 방법은 더욱 다르다. 또한 개인생활에서의 스트레스와 직장생활에서의 스트레스는 그 원인과 해결방법 모두가 판이하게 다르다.

따라서 4가지 영역 각각에 대하여 다른 접근이 필요하며, 다른 솔루션을 적용해야 한다. 이를 위해서는 각각의 영역과 관련하여 차근히 살펴보고 이를 개선 혹은 해결하기 위한 방법들을 검토하고 적용하는 것이 적절하다.

Work life

우선 직장생활부터 리뷰해보자. 직장생활 전체를 100으로 놓았을 때, 행복하고 긍정적인 사건의 비율 대 스트레스와 부정적 사건의 비율을 평가해 보라. 그리고 각 영역의 주요 사건이나 사람들에 대하여 다음의 표에 리스팅 해보라.

구분	점수	주요 사건들
직장생활	긍정비율 ____%	(직장에서 경험하는 행복하고 즐거운 사건이나 사람과의 관계) 1. 2. 3.
	부정비율 ____%	(직장에서 경험하는 스트레스나 부정적인 사건이나 사람과의 관계) 1. 2. 3.

워라밸 : 직장생활

긍정 대 부정사건의 비율 중 어떤 것이 더 높은가? 긍정 사건의 비율이 50%를 넘는다면 당신은 직장에서 비교적 잘 지내고 있는 것을 의미한다. 만약 긍정 사건의 비율이 70%를 넘는다면 당신은 충분히 행복한 직장인이다.

반면 부정사건의 비율이 50%를 넘는다면 현재 직장에서 상당한 스트레스를 경험하고 있다는 것을 의미한다. 그 결과 직장에서 충분히 자신의 능력을 발휘하기 어려운 상태일 가능성이 높으며, 직장 내 인정이나 업무에서 성과를 보이는 데 필요한 열정도 부족할 가능성이 높다. 즉각적이고 진지한 개선 노력이 필요하다.

리스팅한 스트레스 및 부정적 사건들의 내용을 잘 살펴보라. 만약 그 내용이 조직적인 차원의 이슈라면 그에 대한 고민이나 갈등은 최소화하는 것 밖에는 답이 없다. 왜냐하면 당신 개인이 이를 해결하기 위해 노력하더라도 크게 개선되기 어렵기 때문이다.

예를 들어, 조직 문화 자체가 마음에 들지 않는다고 하면 이는 쉽게 해결되거나 개선되지 않는다. 좀 더 장기적인 관점을 가지고 접근해야 하며, 나 말고도 다른 많은 사람들의 협력과 지속적인 노력을 통해 이루어야 하는 장기적인 과제이다. 다만 당신이 이 회사를 계속 다니고 싶은 경우에 그렇다. 그렇지 않다면 빨리 직장을 이직하는 것만이 스트레스를 줄여줄 수 있다.

그런데 그 내용이 직무 능력과 관련된 것이거나 직장 내 대인관계와 관련된 것이라면 적극적으로 대처하고 해결하면 된다. 직무능력의 향상을 위해 당장 오늘부터 1일 1행을 시작하면 된다. 시간이 걸릴 뿐이지 본인의 능력은 점차로 향상되고, 직장 내 스트레스도 감소할 것이다. 혹은 동료와의 업무 상 갈등이 문제라면 이는 대인관계를 통해서 어느 정도 해결이 가능하다. 적극적인 해결 노력을 통해 스트레스를 줄이고 만족감을 높일 수 있다.

즉, 직장 내 행복 요인과 스트레스 요인들을 명확히 밝히는 것이 선행되어야 하며, 이후 행복 요인을 더욱 극대화하기 위한 노력과 더불어 스트레스 요인들에 대한 적극적 대처와 해결방법을 병행해야만 한다. 이를 통해서 내 생의 반을 차지하고 있는 직장에서 보다 행복하고 즐거운 생활이 가능하다.

Personal life

직장생활에 대한 기본적 검증과 평가를 마쳤다면, 이제는 개인생활에 대해 리뷰해보자. 직장생활 외의 개인생활 전체를 100으로 놓았을 때, 행복하고 긍정적인 사건의 비율 대 스트레스와 부정적 사건의 비율을 평가해 보라. 그리고 각 영역의 주요 사건이나 사람들에 대하여 다음의 표에 리스팅 해보라.

구분	점수	주요 사건들
개인생활	긍정비율 _____%	(개인적으로 경험하는 행복하고 즐거운 사건이나 사람과의 관계) 1. 2. 3.
	부정비율 _____%	(개인적으로 경험하는 스트레스나 부정적인 사건이나 사람과의 관계) 1. 2. 3.

워라밸 : 개인생활

긍정 대 부정사건의 비율 중 어떤 것이 더 높은가? 긍정 사건의 비율이 50%를 넘는다면 당신은 개인적으로 잘 지내고 있는 것을 의미하며, 이는 직장생활을 비롯한 기타 사회적 관계를 지탱하는 힘이 된다. 만약 긍정 사건의 비율이 70%를 넘는다면 당신은 매우 행복한 사람이라고 자부해도 좋다. 개인 생활에서 충분한 행복과 만족을 느끼고 있는 복 받은 사람이다.

반면 부정사건의 비율이 50%를 넘는다면 개인적 차원에서 상당한 스트레스를 경험하고 있다는 것을 의미한다. 그 결과 개인적 생활 및 직장생활을 포함한 사회생활 전반에서 안정감이 부족할 가능성이 높다. 개인생활 상 스트레스가 크면, 좋은 직장을 다니고 그 안에서 충분한 성과를 보이고 인정받는다 하여도 무언가 공허하거나 불안정하고 허전한 느낌을 지울 길이 없을 것이다.

이렇듯 개인생활은 직장생활을 비롯한 기타 사회생활에 바탕이 되는 심리적 에너지를 공급해준다. 직장생활은 지극히 목적적 활동으로써, 상당히 집중적인 활동이며 심리적 에너지를 소비하게 된다. 반면 개인생활은 휴식과 힐링, 그리고 심리적 에너지의 회복과 충전 기능을 수행한다. 따라서 개인생활에서 충분한 만족을 얻지 못하거나, 필요한 에너지의 회복과 휴식이 이루어지지 않는다면 직장생활과 개인생활 전반에서의 위기가 온다.

개인생활에서의 스트레스 및 부정적 사건에 대해서도 적극적인 대처와 해결이 필요하다. 그중 가장 대표적인 것이 주택구입자금이나 대출 등과 관련된 경제적인 측면들이다. 모든 사람들이 돈이 많기를 원하며, 돈이 많아지는 순간 행복해질 것이라고 착각한다. 하지만 실제로는 그렇지 않다. 경제적인 여유가 있다면 물론 스트레스는 적다. 하지만 그런 만족감은 금방 잊혀지는 경향이 있다.

반면에 경제적으로 쪼들리는 경우에는 상당한 스트레스를 준다. 그럼 이런 종류의 스트레스는 어떻게 해결해야 하는가? 이를 본격적으로 논의하기 전에 다른 질문에 답해 보라. 당신이 내내 경제적으로 어려움을 겪는다는 사실을 계속 확인하면서 걱정하고 고민한다고 해서 해결되는 것은 무엇인가?

예를 들어 젊은 부부가 열심히 돈을 모았으며, 부족한 부분은 대출을 받아 자기 집을 마련했다고 가정해 보자. 젊은 부부의 선택은 두 가지이다. 첫째는 '이 집은 명의만 내 집이지, 결국은 은행 소유야!!ㅜㅜ'라고 생각하면서, 앞으로 어떻게 대출을 갚을지에 대해 전전긍긍할 수 있다. 둘째는 비록 대출은 받았으나 우리가 노력해서 얻은 성과라고 생각하고, 집에 들어서는 순간 그동안 열심히 저축하고 노력한 서로에게 지지와 격려를 제공하는 방법이 있다.

과연 어떤 것이 장기적으로 긍정적인 결과를 이끌어 내겠는가? 은행 소유라고 생각하면서 내내 스트레스를 받는 부부의 경우 서로의 생활비 문제로 다툼이 잦을 것이며 대출이 완제될 때까지 가족 내 평화와 마음의 만족을 얻기 힘들다. 그리고 이런 마음으로 다음 날 출근한다면 긴장되고 걱정되는 마음으로 일을 하게 될 것이며,

결국 질 좋은 성과를 만들어 내기도 힘들 것이다. 더욱 중요한 것은 그렇게 걱정한다고 해서 대출이 줄어드는가? 그렇지 않다.

반면에 지금까지의 성과나 노력에 초점을 두는 부부는 집에서 행복함과 자부심을 느낄 가능성이 높다. 그런 경우 집에 들어오는 순간부터 내 집이라는 편안함과 더불어 충분한 휴식과 힐링을 얻을 수 있으며, 다음 날 출근길도 상쾌한 발걸음을 하게 될 것이다. 그리고 이런 마음가짐은 직장에서 질 좋은 성과를 만들어 냄으로써 급여가 올라 대출금을 더 빨리 해결할 수 있게 되기도 한다.

즉, 우리가 변화하기 어려운 것이나, 장기간의 지속적인 노력이 필요한 것에 에너지를 너무 많이 투자하지 않은 것이 좋다. 그런 경우 오히려 스트레스가 심화되거나 심리적으로 지치기 쉽다. 물론 이런 문제들도 해결을 해야 한다. 하지만 좀 더 편안한 마음을 가지고 장기적 관점으로 접근하는 유연성이 필요하다.

지금 당장 집중해서 해결 가능한 단기적 이슈들에 에너지를 집중하고 장기적 접근이 필요한 문제들은 좀 더 편안한 마음으로 느긋하게 접근하는 것이 유용하다.

균형과 조절

개인생활도 중요하고 직장생활도 중요하다. 그리고 개인생활에서의 만족 요인과 스트레스 요인에 대해 정확하게 인지하고 대처 및 해결하는 것도 중요하며, 직장생활에서의 만족 요인과 스트레스 요인에 대해서도 정확하게 인지하고 해결하고 관리하는 것도 중요하다.

만약 이 4가지 영역 중 한 가지 영역이라도 큰 문제가 생긴다면 전체적인 균형과 조화가 깨지면서 전반적인 심리적 균형이 깨지게 된다. 예를 들어 직장에서의 심리적 스트레스가 극심해진다면 개인 생활의 만족도나 균형도 같이 흐트러지게 된다. 혹은 개인적으로 가족 내에 큰 문제가 생긴다 하더라도 업무생활 전반의 효율성이 저하될 수밖에 없다.

이런 이유로 4가지 간의 균형과 균형을 유지하기 적극적인 노력과 활동이 필요하다. 개인생활과 직장생활 모두에서 행복감과 긍정적 사건만 가득하면 좋겠지만 그런 경우는 없다. 아무리 좋은 일도 나름대로의 스트레스를 동반하게 된다. 그런데 개인생활에서는 행복감이 큰데, 직장생활에서는 스트레스만 가득하다면 이런 상황은 오래 유지되지 못한다. 반대로 개인생활에서 스트레스가 가득하다면 직장생활에서의 만족감도 오래가기 힘들다.

따라서 각각의 4가지 영역에 대한 정확하게 인식하여야 하며, 각 영역에서의 변화에도 민감해야 한다. 그리고 각 영역 간의 균형이 잘 유지되는지에 대해서도 지속적으로 모니터링을 하는 것이 필요하다.

굳이 정답을 만들어 본다면, 직장생활과 개인생활 간의 균형은 50 대 50이면 된다. 그리고 그 비중이 각각 40~60 사이를 벗어나는 것은 좋지 않다. 한쪽 영역이 60을 넘어서서 70 이상이 되면 나머지 영역에 대한 집중력이 저하되고 효율성이 낮아진다.

또한 직장생활과 개인생활 내에서 만족요인과 스트레스 간의 균형은 70대 30 정도가 적당하다. 이 정도 비율인 경우, 스트레스는 적절히 감당하고 인내할 수준에 머무르며, 전반적인 생활 상 만족도를 계속 유지하는 것이 가능하다. 만약 스트레스가 증가하여 50 수준에 이르면 심리적인 위기감이 들기 시작하며, 50을 넘는 순간 뚜렷한 문제들이 발생할 가능성이 높아진다. 즉시 적극적인 대처를 하는 것이 필요하다.

일주일은 총 168시간이다. 그리고 그중 수면 시간 및 기본적인 위생관리 시간으로 8시간씩 소요한다고 치면, 우리는 112시간 동안 나름대로의 활동을 하게 된다. 그중 반에 해당하는 56시간은 직장생활에 투자하고 나머지 56시간은 개인생활을 하게 된다.

내 생활의 반이나 차지하는 곳에서 스트레스가 심한 상태라면 나머지 반쪽도 영향을 받을 수밖에 없다. 혹은 딱히 스트레스가 심하지는 않다 하더라도 한쪽 반에서만 만족을 느낀다고 하면, 그 나머지 반에서는 지루함과 비효율성을 경험할 수밖에 없다. 직장생활 및 개인생활 모두 적극적인 관리의 대상이 되어야만 하며, 그 안에서의 만족 요인을 증진하고 스트레스를 감소시키려는 노력이 필요하다.

행복한
직장생활하기

개인적으로, 연중 단일 교육만 치면 면접관 교육 횟수가 가장 많다. 어떻게 사람을 평가하고, 그 과정을 어떻게 운영해야 하는지에 대한 심리학적 노하우를 교육하는 과정이라 생각하면 된다.

면접관 교육에서 가장 강조하는 점 중에 하나가 지원자 입장에서 생각하고 그들을 정확하게 공감하도록 것이다. 면접에 참가하는 그들의 마음가짐과 그들이 겪을 수밖에 없는 긴장감, 그리고 그들은 솔직할 수 없으며 왜 좋게 보이고자 하는 경향(이를 faking-good이라 한다)을 보일 수밖에 없는지 등에 관하여 면접관들이 이해할 수 있도록 도와준다.

이처럼 지원자에 대한 정확한 이해와 공감이 없이 면접관의 기준과 판단으로만 지원자를 평가하게 되면 정확하게 지원자의 잠재력과 능력을 판단하기 어렵게 된다.

반대로 면접관이 아니라 지원자를 대상으로 교육을 하게 되는 경우도 가끔 있다. 이때에도 마찬가지의 주문을 한다. 즉, "당신이 만약 CEO라면, 어떤 사람을 원하고, 어떤 사람을 선발하겠는가?"라는 질문을 던진다. 이 질문은 치열한 입사 전쟁에서 어떤 능력과 자질을 갖추어야 하는지에 대해 쉽게 인지할 수 있는 좋은 질문이다.

동일한 접근이 직장생활에서도 가능하다. '내가 만약 상사라면', '내가 만약 동료라면', '내가 만약 후배라면', '내가 만약 선배라면' 어떤 사람을 좋아하고 가까이하고 싶어 할 것인지를 고민해 보면 된다. 이와 같은 질문들을 통해 내가 어떻게 직장생활을 하는 것이 좋을지에 대한 시사점과 해답을 얻을 수 있다.

내가 만약 상사라면

다음 3가지 질문에 대하여 나름대로의 답변을 기록해 보라. 단 주의할 것은 절대로 상황을 복잡하게 생각하거나 혹은 현재의 상황에 너무 대입하려 하지 말고 편하고 단순하게 작성해보는 것이 좋다.

| 1 내가 만약 상사라면, 어떤 부하를 원하겠는가?

① _____ ② _____ ③ _____

| 2 나의 동료 중, 어떤 동료를 좋아하고 신뢰하겠는가?

① _____ ② _____ ③ _____

| 3 내가 만약 부하직원이라면, 어떤 상사를 좋아하고 따르겠는가?

① _____ ② _____ ③ _____

이에 더하여 더욱 정확한 공감과 이해를 하고 싶다면 다음의 추가 질문에도 답해 보라.

| 4 내가 만약 상사라면, 어떤 부하직원과 일하기 싫은가?

① _____ ② _____ ③ _____

| 5 나의 동료 중, 어떤 동료와 일하기 싫은가?

① _____ ② _____ ③ _____

| 6 내가 만약 부하직원이라면, 어떤 상사와 일하기 싫은가?

① _____ ② _____ ③ _____

이 정도 정리를 하였다면 당신이 원하고 바라는 직장생활 중 대인관계 측면에 대해서는 어느 정도 정리가 되었다고 볼 수 있다. 그럼 다음 단계로 넘어가 보자.

<u>지금의 나는?</u>

지금부터 다음의 질문들에 대해 다시 답을 해 볼 것이다. 그런데 스스로에 대한 방어적 태도 없이, 그리고 변명 빼고, 가능한 한 객관적이고 냉정하게 따져보라.

| 자기 평가 1-1 지금의 당신은 질문 1(내가 만약 상사라면, 어떤 부하를 원하겠는가?)의 조건 중 몇 가지에 해당합니까?

: 3가지 중 (   ) 가지

| **자기 평가 1-2** 지금의 당신은 질문 4(내가 만약 상사라면, 어떤 부하직원과 일하

기 싫은가?)의 조건 중 몇 가지에 해당합니까?

: 3가지 중 (   ) 가지

| **자기 평가 2-1** 지금의 당신은 질문 2(나의 동료 중, 어떤 동료를 좋아하고 신뢰하

겠는가?)의 조건 중 몇 가지에 해당합니까?

: 3가지 중 (   ) 가지

| **자기 평가 2-2** 지금의 당신은 질문 5(나의 동료 중, 어떤 동료와 일하기 싫은가?)

의 조건 중 몇 가지에 해당합니까?

: 3가지 중 (   ) 가지

| **자기 평가 3-1** 지금의 당신은 질문 3(내가 만약 부하직원이라면, 어떤 상사를 좋

아하고 따르겠는가?)의 조건 중 몇 가지에 해당합니까?

: 3가지 중 (   ) 가지

| **자기 평가 3-2** 지금의 당신은 질문 6(내가 만약 부하직원이라면, 어떤 상사와 일

하기 싫은가?)의 조건 중 몇 가지에 해당합니까?

: 3가지 중 (   ) 가지

이미 답변을 하는 과정 중에 예상 가능한 것처럼 이것이 바로 당신의 현재 수준이다. 당신의 현재 수준을 평가해 본 소감은 어떠한가? 만약 당신이 제시한 상사, 동료, 부하의 긍정적 조건을 만족시키고 부정적 조건들을 피해 행동하고 있다면 훌륭한 직장인이다. 그리고 상사나 동료, 그리고 부하들과 좋은 관계를 맺으며 즐겁게 생활하고 있을 것이다.

하지만 만약에 당신이 타인들에게는 이상적인 조건들을 요구하면서 스스로는 이를 지키지 않고 있다면, 혹은 당신 입장에서 싫은 행동을 타인들에게 하고 있다면, 대인관계 갈등과 다툼이 가득할 것이다. 그리고 이런 싸움과 갈등의 원인을 나 자신이 아니라 상대방을 비난하거나 책임을 돌리고 있다면 내면의 분노나 적대감도 가득할 것이다.

역지사지(易地思之)가 답이다

사람은 생각보다 객관적이고 합리적이지 못한 경우가 많다. 특히 자신과 관련된 일에 대해서는 더욱 그렇다. 왜냐하면 나에 대한 평가는 감정이 깔려 있으며, 내적 동기와 같은 심리적 측면도 반영하기 때문에 타인의 평가와 다른 경우들이 많다.

우리는 과거에 누군가의 후배였던 적이 있다. 그리고 한 집단을 이끄는 리더였던 적도 있다. 그 당신 나는 어떤 사람들을 좋아하고 어떤 사람들을 싫어했던가? 이런 기억들을 더듬어 본다면 어떻게 행동하는 것이 적절한지에 대한 답변을 금방 얻을 수 있다.

'남의 눈에 들어있는 티끌'은 보면서도 '내 눈에 있는 들보'는 못 보는 법이다. 이런 현상이 발생하는 이유는 나에 대해서 적용하는 기준과 타인에 대해 평가하는 기준이 서로 다르기 때문이다. 자신에 대해서는 허용적이고 관대하면서 타인에 대해서는 엄격한 경우 이 속담이 딱 들어맞는다.

물론 반대의 경우도 있다. 타인에 대해서는 무척 관대한 반면 스스로에 대해서는 매우 엄격한 경우도 많다. 이 또한 좋기만 한 것은 아니다. 왜냐하면 내적 스트레스가 강해지고 부정적 감정이 축적되기 때문이다. 이런 패턴이 장기화되면 좋은 업적을 보유하고 있음에도 불구하고 우울하거나 충분히 느껴도 되는 성취감을 경험하지 못하고 좌절하기도 한다.

가장 중요한 것은 필요에 따라서 스스로를 '객관화' 할 수 있어야 한다는 것이다. 나를 하나의 객체로 놓고, 냉정하고 객관적인 기준에 의해 판단하고, 합리적이고 논리적으로 분석할 수 있어야 한다. 그에 따라 도출된 결론과 개선 방법은 항상 나를 발전시킨다.

이 과정을 쉬운 표현으로 '역지사지'라고 한다. 내가 상대방의 입장이라면, 그리고 상대방과 같은 상황이라면 어떻게 느끼고 판단할 것인지를 연습하라. 이런 연습이 습관이 된다면 타인과의 관계에서 갈등이 줄어들 뿐 아니라 타인들이 선호하는 사람으로 자기매김 할 수 있다.

역지사지는 대인관계에서 가장 강력한 힘을 발휘하는 스킬이다. 타인의 입장이나 감정을 공감하고 이해하는 좋은 기술이며, 이에 기반하여 타인을 응대할 경우 긍정적인 교류가 증가하고 갈등이나 문제가 감소할 수 있다. 하지만 경험해 보지 않은 것에 대해서 역지사지하는 것이 생각보다 쉬운 것은 아니다. 리더가 되어 본 적이 없다면 진정으로 그의 입장과 어려움을 공감하기 어렵다. 또한 학교에서의 리더 경험과 직장에서의 리더 경험은 그 속성이나 내용이 다르기 때문에 역지사지에 참고하기에는 한계가 있는 것도 사실이다.

그런데 중요한 것은 역지사지의 결과가 얼마나 성공적인가 하는 것이 아니다. 자신이 할 수 있는 한 얼마나 노력을 했는지가 더 중요하다. 그래도 상대방을 이해하고 노력하려는 행동을 보이는 사람에게는 설명하고 소통하고자 하는 마음이 든다.

반면에 자기 기준만을 강조하고, 나의 입장을 이해하고자 하는 태도나 행동이 전혀 없는 경우에는 감정적으로 대화조차도 하기 싫어진다. 이런 사람들이 전형적으로 하는 표현들이 있다. 그것은 바로 '예전에는 말이야', '네가 잘 몰라서 그러는데..', '너 말이 무슨 말인지는 알겠어, 그런데..', 네가 뭘 안다고..' 등이다.

이런 정의에 기초해서 본다면, 나이를 먹는다고 '꼰대'가 되는 것이 아니며, 성격이 나쁘고 이상한 사람들만 '갑질'을 하는 것이 아니다. 나의 생각이나 판단 만이 옳다고 생각하고, 타인의 입장이나 생각에 대해 역지사지하지 못하거나 공감/이해하지 못하는 사람들은 '꼰대'이며 '갑질'을 하는 것이다.

'꼰대'가 되고 싶은가? '갑질'을 일삼는 이상한 사람으로 취급받고 싶은가? 그렇다면 '역지사지' 하지 말고 본인의 생각대로만 판단하고 행동하라. 그런데 사람들과 행복하고 즐겁게 지내고 싶다면, '역지사지'가 정답이다. 더욱 정확하게는 '역지사지'하고자 노력하는 습관을 들이면 된다. 당장 큰 성과를 얻지 못할 수도 있으나 장기적으로는 당신의 대인관계 상 만족과 그에 기반한 행복을 가져올 것이다.

25
바닷가가 보이는 창가에 앉아

행복한
직장생활하기

쉼, 여행, 휴가, 휴식.

듣기만 해도 좋은 표현들이다. 그리고 당연히 필요한 것이기도 하다. 그런데 마음의 여유가 없으면, 혹은 정신없이 바쁜 일정을 치르다 보면 이런 것들을 즐길 여유가 없게 된다. 그리고 이런 여유가 없는 생활이 지속되면, 실제로 여행이나 휴가를 즐길 수가 없게 되어버린다. 이런 악순환의 고리를 끊는 것이 필요하다.

그런데 만약 이와 같은 생활이 지속된다고 가정해보자. 과연 직장생활에서 좋은 성과를 내고 성공할 수 있을까? 아니면 개인생활에서의 만족감이나 행복이 과연 가능하겠는가? 그렇지 않을 것이다. 이처럼 쉼과 휴식은 중요한 것임을 분명히 알고 있지만, 쉽게 잊혀지거나 소홀해지기 쉬운 것들이다.

잊기 쉽고 소홀해지기 쉽지만, 나에게 필요하고 필수적 요소인 쉼과 휴식을 즐기는 방법은 무엇일까? 이를 위한 간단한 연습을 해 보자.

바다가 아니어도 된다

실제라고 상상하면서 다음의 질문들에 대답해보라.

| 1 산을 더 좋아하는가, 아니면 바다를 더 좋아하는가?

| 2 산이나 바다에 간다면 숙소는 호텔을 선호하는가, 아니면 펜션을 선호하는가?

| 3 혼자 가고 싶은가, 아니면 누구와 함께 가고 싶은가?

| 4 가는 방법은 기차, 버스, 자가용 중 어떤 것이 제일 좋은가?

| 5 그 곳에 가서 하고 싶은 세 가지 활동은 무엇인가?

① _____

② _____

③ _____

이를 상상해 본 소감은 무엇인가? 내가 좋아하는 바다에, 멋진 오픈카를 타고, 사랑하는 나의 가족들과, 자그마하고 예쁜 펜션에서, 화기애애하게 웃으면서 같이 식사하는 모습을 생각해 본 소감은 무엇인가?

이런 계획을 상상하는 것만으로도 마음이 가벼워지고 행복해지는가? 만약 이 정도 상상 만으로도 마음의 여유가 생기고 왠지 느긋한 마음이 든다면, 이런 상상을 계속해서 즐기면 된다. 그 상상만으로도 위안과 힐링이 시작된다. 게다가 만약 기회가 생긴다면 얼른 가방을 챙겨 훌쩍 떠나면 된다. 준비되어 있는 당신은 더욱 만족스러운 휴식을 맛보게 될 것이다.

그런데 이런 상상에 몰입이 잘 되지 않거나, '생각만 하면 뭐해, 결국은 못 가는데…'라는 생각에 오히려 스트레스를 더 받거나 짜증이 나는 경우도 있다. 이런 경우는 내적 긴장 수준이 매우 높고 강한 스트레스를 경험하고 있어서 심리적 유연성이 상당히 떨어져 있는 상태라는 점을 반영한다. 즉시 긴장 완화를 위한 휴식 및 스트레스 해결이 필요하다는 말이다.

즉, 내적 긴장이 너무 높고 심리적 여유가 부족하여 주변의 상황에 대하여 유연하고 적응적으로 대처하지 못하고, 부정적인 반응할 가능성이 높은 상태인 것이다. 그래서 일반적인 경우라면 상상만으로도 느긋해지고 여유가 생기는 상황에서도, 이를 즐기지 못하고 더 강한 부정적 정서를 경험하게 된다. 바로 이것이 휴식 없이 지친 마음이 보이는 전형적인 증상이다.

꼭 바다를 가거나 산을 가야 하는 것은 아니다. 상황 상 못 갈 수도 있다. 혹은 나중이라도 가면 되는 것이다. 그런데 상상만으로도 어느 정도 위안과 힐링을 얻는다면 굳이 상상을 안 할 이유가 없다. 상상하면서 즐기고, 상상이 현실이 되어 진짜 여행을 떠나게 된다면 더욱 즐겁게 즐기면 된다. 반면에 이런 상상을 즐길 여유 조차가 없다면 그것은 마음의 빨간불이 들어온 것이라는 생각을 하라. 단순한 상상만으로는 안될 정도로 힘들고 지친 상태임을 반영한다.

쉼의 가치

쉼의 가치와 의미를 깨닫는 것은 중요하다. 만약 충분한 쉼과 휴식이 없다면 어떻게 될 것인가?

차가 쉬지 않고 24시간 내내 운행을 한다면 어떻게 되겠는가? 그리고 적절한 정비나 주유도 없이 마구 달리기만 하면 어떻게 되겠는가? 당연히 차에 무리가 가고 고장이 날 것이며, 오래 타지 못하고 폐차를 하거나 정비불량으로 사고가 나게 될 것이다.

운동선수를 생각해보자. 축구선수라고 해서 전혀 쉬지 않고 축구만

하는 것이 가능한가? 만약 그렇게 한다면 어떻게 될 것인가? 틀림없이 선수로서의 생명이 단축되거나 좋은 성적을 내지 못할 것이다. 운동량이 많을수록 그에 상응하는 휴식이 필요하다. 그뿐 아니라 보양식을 먹거나 혹은 마사지를 받아 무리한 근육을 풀어주어야 할 것이다.

마음의 문제도 마찬가지일 것이다. 계속해서 긴장하고 업무에 몰입했다면 그만한 휴식과 힐링을 해줘야만 한다. 그렇지 않다면 마음이 고장 나거나 병이 들 것이며, 아니면 충분한 열정이나 효율성을 보이지 못할 것이다.

그런데 마음의 문제는 좀 다른 것이, 일단 부정적 감정에 휩싸이면 악순환의 사이클에 빠져들어 좀처럼 벗어나기 힘들어진다. 걱정이나 우울감이 심해지면 마음의 여유가 없어지며, 마음의 여유가 없어지면 좀처럼 쉼이나 휴식을 취해야 한다는 생각조차도 못하게 된다. 그래서 결국은 무리를 하게 되고 이는 마음이 더 지치게 하는 원인으로 작용한다. 그 결과 나의 걱정과 우울감은 더욱 심화되는 악순환에 빠지게 된다.

결국 쉼이라는 것은 이런 악순환의 고리를 끊어내고, 휴식을 통한 심리적 여유 확보와 이를 통한 효율성 향상을 가져오며, 이에 기반하여 성과가 향상되고 만족감이 높아지는 순순환의 시작점이 된다. 쉼과 적절한 휴식이란 쓸모없는 시간 낭비가 아니며 나를 재정비하고 다시금 집중하고 몰입하게 하는 새로운 기회가 되는 것이다.

이런 쉼의 가치를 반드시 기억하라. 그리고 작은 쉼이라도 적용하고 활용하기 위해 노력하라. 이것이 지친 당신을 위로하고 다시금 활기를 찾게 하는 순순환의 시작이 될 것이다.

다시금 힘을 내자! 그리고 다시금 힘을 주자!

당신 스스로에게 충분한 쉼과 휴식을 제공하여야 한다. 그래야만 새로운 힘과 동기가 샘솟는 기회가 찾아온다.

일주일 내내 충분히 업무에 몰입했다면 주말에는 쉼과 휴식 시간을 반드시 가지라. 그리고 오늘 하루 마감으로 인하여 좀 더 힘든 하루를 보냈다면 저녁 시간에 짬을 내서 쉼의 시간을 가지는 것이 필요하다. 한 달이나 최소한 분기별로 한 번은 큰 쉼, 즉 여행을 가거나 느긋한 마음으로 드라이브를 하라. 그 정도는 쉬어 줄 필요가 있다.

여러 가지 쉼과 휴식을 활용해 보고 자신에게 만족감이 큰 쉼과 휴식은 꼭 기억해 두라. 여행과 같은 큰 휴식과 더불어 점심 후 커피 한잔이나 가벼운 산책과 같은 작은 쉼도 적극적으로 즐기라. 그런 쉼과 휴식은 당신 스스로의 심리적 및 신체적 원기를 회복하고 다시금 새로운 출발을 하도록 해줄 것이다.

혹시 당신이나 혹은 당신의 배우자가 육아에 지치고 힘들어 보이는가? 그럼 그들에게 충분한 휴식을 즐길 수 있는 기회를 제공하라. 오랜만에 육아에서 벗어나 친구들과 즐거운 시간을 가지도록 배려하라. 충분한 회복 후 더욱 좋은 마음과 기운으로 다시금 육아에 전념할 수 있을 것이며, 이런 기회를 제공해준 당신에게도 긍정적인 영향이 돌아올 것이다.

만약 당신의 동료나 부하직원이 업무에 지쳐 힘들어 보이거나 최근 스트레스가 높아 보인다면 그들에게도 쉼과 휴식을 제공하라. 같이 휴식을 즐길 수도 있으며, 휴가를 권유하거나 혹은 휴가를 갈 수 있도록 배려해주는 것이 좋다. 내내 긴장되고 예민해져 있는 사람과 근무하느니 충분한 휴식 후 밝은 얼굴로 돌아온 그와 즐거운 직장생활을 즐기라.

쉼과 휴식의 가치를 아는 사람은 스스로를 행복하게 만들 수 있다. 그 가치를 아직 모르는 사람은 악순환의 늪에서 벗어나지 못하고 더욱 깊은 수렁으로 빠져든다. 스스로 악순환의 고리에서 탈출하라. 그리고 주변 사람들이 악순환에서 벗어나도록 손을 내밀어 주라. 그것은 결국 당신에게도 순순환의 긍정적 영향으로 돌아올 것이다.

함부로
사표를
던지지 마라

Part Six

연령대별
직장인을 위한
핵심 키워드

: 노박사의 직장생활 클리닉

같은 직장인이라고 해서 모두 다 같은 것은 아니다.

어떤 회사에서, 어떤 업무를, 그리고 어떤 직급에서 어떤 사람들과 일하는지에 따라 각각 다른 경험을 하게 된다. 그 안에는 공통적인 면도 있고, 상황에 따른 차이점도 있다.

그중에서도 가장 중요한 공통점이자 차이점이 바로 연령대다.

연령대에 따라 다른 경험을 하게 되기도 하지만, 각 연령대별로 공통적인 이슈를 가지기도 한다. 즉, 연령대 별로 직장생활에 대한 경험치가 서로 달라지며, 그에 따라 다른 과업을 직면하게 된다.

보통은 20대에 직장생활을 시작하게 된다. 그리고 10년 정도면 직장생활에 대한 적합성은 판가름이 난다. 직장이 맞는 사람은 계속해서 직장생활을 하게 되며, 그렇지 않은 사람은 이미 직장을 떠나 자기 사업을 하거나 다른 길을 찾게 된다.

그리고 직장생활 10년이 넘어선 후에는 또 다른 다양한 도전과 새로운 과제들이 찾아오게 된다. 리더가 되기로 결정했다면, 승진하기 위해 취업 때보다도 더 어려운 공부를 시작해야 하기도 한다. 반면 더 이상의 승진은 포기하고 현재의 직급에 만족하는 대신, 퇴근 후 개인생활에 집중할 수도 있다. 또한 직장생활 외 개인 생활에서도 책임이나 역할이 늘어나기도 한다.

이렇듯 직장에 대한 경험 정도, 그리고 직장인의 연령대에 따라서 서로 다른 이슈를 해결해야 한다. 그리고 각 연령대 및 이슈에 따라 다른 대처와 해법이 필요하다.

이를 20대, 30대, 40대, 50대, 그리고 직장생활을 떠나 제2의 인생을 계획하는 사람들로 구분하여 각 연령대별로 고려해야 하는 핵심적 키워드와 이슈들은 다음과 같이 분류해놓았다.

20대 직장인을 위한 키워드

1. 아직은 시작이다
2. 관찰하고, 학습하고, 개발하라
3. 인내심과 장기적 관점을 유지하라

30대 직장인을 위한 키워드

1. 열정을 다하라
2. 소진하지는 마라
3. 관리와 유지의 중요성

40대 직장인을 위한 키워드

1. 조망하고 리뷰하라
2. 아직도 끝은 멀었다
3. '딴' 마음을 품어라

50대 직장인을 위한 키워드

1. 새로운 역할이 필요하다
2. 감수하라! 그리고 각오하라!
3. 소박한 바램과 큰 행복을 즐겨라

제 2의 인생을 사는 직장인을 위한 조언

1. 더욱 냉철한 자기분석이 필요하다
2. 더욱 큰 현실수용이 필요하다
3. 옛 생각을 버리고 타협하는 지혜

20대 직장인을 위한
핵심 키워드

20대 직장인은 보통 직장생활을 시작한 지 10년 차 이하의 경험을 가지고 있다. 새롭게 직장생활을 시작하였고, 직장생활이라는 것 자체에 적응해야 하며, 그 안에서 나의 적성과 능력을 검증하는 단계이다. 직장인으로서 자아정체감이 형성되는 시기라고 보면 된다. 이들에게는 다음의 세 가지 키워드가 필요하다.

1. 아직은 시작이다

아직은 시작점이라는 것을 항상 기억하라. 이는 여러 가지 의미를 지니는데, 아직은 배울 단계이며, 어려움이 있더라도 좌절하기에는 이른 때이고, 큰 성공이나 궁극적인 결과는 오지 않았을 가능성이 높은 상황이라는 것을 의미한다.

 실제 한 사람의 신입사원을 제대로 된 인재로 성장시키기 위해서는 최소한 1년 이상 2-3년의 시간이 걸리며, 관련된 비용도 1억이 넘는 것으로 추정된다. 그리고 첫 6개월 간은 조직에 대한 적응과 기존 팀이나 조직과의 조화가 우선 이루어져야 한다. 일단 적응이 되어야 일에 대한 학습이나 성장이 이루어지게 된다.

이 과정에서 방황의 시기도 오게 된다. 생각했던 것과 상당히 다른 현실에 당황하게 되며, 매일의 출근과 쏟아지는 업무, 그리고 방학(?)도 없이 계속되는 회사생활을 견디어야 하는 인내심도 필요하다. 이런 하나하나는 새로운 도전이며 스스로에 대한 검증과정인 것이다. 이런 과정들이 초반 직장생활의 진실인 것이다.

물론 조급한 마음도 든다. 그리고 연봉이나 급여 수준, 그리고 회사 내 대우도 불만일 수 있다. 그러나 장기적 관점에서 직장생활을 조망해 본다면 그것은 어쩔 수 없이 감수해야 하는 점들이라는 생각을 하는 것이 좋다. 더 큰 성공이나 만족을 위해서는 거쳐가야 하는 과정과 단계라는 것이 있는 법이다. 지금이 그 첫 단계일 뿐이다.

2. 관찰하고, 학습하고, 개발하라

직장생활을 시작한 지 3년이 넘어 5년 즈음이 되면 '직장생활의 사춘기'를 겪게 된다.

즉 일도 대부분 파악한 것 같고, 어느 정도 잘하는 것 같기도 하나, 실제 인정이나 대우는 내가 생각하는 만큼 해주지 않는 것 같이 느껴지게 되면서 반항의 시기가 오기도 한다. 이때의 심리적 프로세스는 길거리 골목에서 담배 피우는, 심한 사춘기를 겪고 있는 고등학생 무리의 심리적 상태와 유사하다.

이들은 신체적 발달이 거의 이루어져 이제 다 컸다고 생각한다. 그리고 나름대로의 독자적인 성인으로서의 판단과 능력을 모두 갖추고 있다고 생각한다. 그런데 외적으로는 나와 별반 다를 것 없어 보이는 다른 어른이 (본인이 생각하기에는) 쓸데없는 조언을 하거나 잔소리를 하면 강한 반발심이 들게 된다. 속된 표현으로 '계급장 떼고 제대로 맞짱'을 떠도 내가 이길 것 같은 '꼰대'의 '갑질'이 나를 분노케 하는 것이다.

그렇다고 해서 진짜 맞짱을 떠서 본인에게 이로울 것은 없다. 생전 처음 경찰서에 가거나 학생부에 불려 가서 혼나는 것이 현실적 결말이다. 이 시기에 자제력과 통제력이 필요하며, 좀 더 성숙해져야 할 필요가 있었다는 것은 한참 나중에야 깨달을 수 있다.

길고 긴 나의 일이라는 여정에서 보면 아직도 관찰하고, 학습하고, 개발해야 할 단계라는 점을 기억하라. 본문 중에도 나오듯이 평행선의 오차가 시작되는 시기인 것이다. '욱'하는 마음이 들고 뭔가 억울한 생각이 들더라도 나의 성장을 게을리하는 것은 옳지 않다. 본인 손해일뿐이다. 관찰하고, 학습하고, 개발하고자 하는 마음을 유지하라.

3. 인내심과 장기적 관점을 유지하라

쉽지 않으나 인내심을 가지는 것이 필요하다. 그리고 장기적인 관점을 유지하도록 노력해야 한다.

보통 학교는 초등학교도 6년, 대학교도 4-5년이면 그곳을 벗어나 새로운 상황을 맞이하게 되었다. 그런데 직장이라는 것은 10년 이상 갈 수도 있으며, 길게는 몇십 년을 근무하기도 한다.

이런 상황에 대해 '지겹다'라고 느끼는 순간 인내심이 약해지고 피로감이 들게 된다. 대신 현재의 직장이 본격적인 도전의 시작이라고 느끼고, 이 안에서 제대로 승부해보자는 마음을 가지는 것이 좋다. 물론 과정 중 무슨 일이 생길지는 아무도 모르며, 앞으로의 진정한 성공 여부는 누가 알겠는가. 하지만 이런 마음가짐으로 직장생활을 대하는 것이 유익하다는 것이다. 그래야 이 어려운 혼란의 시기를 감당하고 극복할 수 있다.

심사숙고하여 선택하고 어렵게 공부하고 노력해서 입사한 직장이다. 쉽게 포기하지는 않는 것이 좋다. 왜냐하면 여기서 쉽게 포기하면 다른 곳에서도 동일한 패턴이 반복되기 때문이다.

첫 경험이 중요하며, 얼마나 오래 다닐지는 모르지만, 일단은 초기 경험 과정에서 좋은 마무리를 하는 것이 바람직하다. 기대했던 바와 다르고 원하는 대로 되지는 않을 것이다. 하지만 그 과정에서 나는 성장하고 발전하게 된다. 단, 어떻게든 극복하고 이겨내려고 노력한 경우에 그렇다.

현재의 상황을 새로운 도전이라고 생각하고 최선을 다해 집중하고 노력하라. 이런 도전과 노력 경험은 평생을 두고 도움이 될 것이다.

30대 직장인을 위한
핵심 키워드

30대 직장인들은 보통 5년 이상의 직장생활을 한 상태로서, 직장 자체에 대해서는 이미 적응을 끝낸 상태로 볼 수 있다. 이들은 직장에서 가장 중요한 현업들로서, 최고의 열정을 보이며 실제로도 많은 일들을 감당한다. 이들에게는 다음의 세 가지 키워드가 필요하다.

1. 열정을 다하라

30대는 직장에서 가장 빛나는 존재들이다. 자신의 능력과 열정을 다하여 본인 나름대로의 색을 한껏 발휘하라.

30대는 직장에서 가장 큰 역할을 담당하는 중심축이다. 조직의 대들보라고 보면 된다. 조직의 활력소이자 새로운 에너지이다. 뜨거운 심장을 가지고 있으며, 빠른 행동력과 강한 성취욕을 바탕으로, 뚜렷한 결과를 만들어 내는 세대이다.

물론 장애나 어려움도 많다. 열정적으로 일한다는 것은 장애에 부딪치거나 좌절할 일도 많다는 것과 동일한 의미이다. 내적 분노와 화가 가장 강하기도 하며, 이를 참지 못하고 분출되기도 한다. 뜨거운 열정만큼 다른 사람에게 화상과 마음의 상처를 입히기도 한다. 그만큼 본인도 다치게 된다.

그래도 일에 대한 열정과 몰입으로 모든 것이 양해되고 이해되는 때이다. 후배들에게는 '나는 언제 저렇게 유능해지나'라는 존경을 얻기도 하며, 선배들에게는 '나도 저럴 때가 있었지'라는 추억에 젖게 만드는 시기이기도 하다.

2. 소진하지는 마라

'과유불급(過猶不及)'이라 했던가, 지나침에 대해 항상 조심해야 한다. 워낙 젊고 에너지가 넘치는 시기이기 때문에 자신이 소진되어가고 지쳐간다는 것을 잘 느끼지 못한다. 이것이 바로 30대 직장인들이 가장 주의해야 할 점이다.

열정이 강하고 의지가 강하면 사물이나 현실을 정확하게 파악하지 못한다. 특히 내 마음을 보는 눈을 닫아 버리게 된다. 왜냐하면 마음이 곧 의지라고 생각하고, 강한 의지가 있으면 모두 견딜 수 있을 것이라 생각한다. 하지만 현실은 그렇지 않다. 아무리 건강한 사람도 무리를 하면 힘들고 지치기 마련이다.

이런 심리적 과정에 대해서 스스로 정확하게 모니터링하고 인지하지 못하면 엉뚱한 결과를 초래하게 된다. 실제로는 내가 지치고 힘들어졌으며, 그로 인해 업무 효율이 떨어지고, 일에 대한 흥미나 열정이 감소하기 쉽다. 특히 업무 과정 중 발생하는 갈등이나 문제들을 해결하거나 견디는 힘이 떨어진다. 이는 내 마음이 지치고 힘들다는 것을 반영해주는 대표적인 증상이다. 이를 해결하기 위해서는 쉼과 휴식을 가지면서 자신을 돌보고 관리해야 한다.

그런데 이를 적성이 맞지 않는다고 생각하거나, 조직이나 갈등의 대상인 타인의 탓을 해버리고 과감하게, 그리고 빠르게 퇴사를 해버리는 경우도 많다. 실제로는 내가 힘들고 지쳐서, 그리고 나의 심리적 에너지가 소진되었기 때문인 것을! 지치고 힘든 마음을 위로하고 힐링해야 하는데, 오히려 자신을 더 큰 어려움 속으로 던져버리는 결과를 가져오기도 한다.

그래서 심리적 에너지의 소진이나 보이지 않는 마음의 지침이 무서운 것이다. 부지불식 간에 나의 기력을 빼앗아 가며, 내 열정과 몰입을 식게 한다. 이런 이유로 나의 심리적 상태에 대해서 더욱 민감해야 하며, 이를 적극적으로 관리해야 한다.

3. 관리와 유지의 중요성

아무리 좋은 수종의 나무와 화려하고 예쁜 꽃들이 가득 찬 정원이라도 관리를 하지 않으면 아무도 이를 찾지 않는다. 그 가치를 알기 위해서는 험한 수풀을 헤치고 들어가야만 알 수 있으며, 적절한 수분 공급을 해주지 않아 꽃들은 이미 시들어버리고 죽어버렸을지도 모른다.

자연 그대로의 숲과 꽃도 나름대로의 가치가 있다. 그러나 이를 사람들에게 보여주기 위해서는 어느 정도의 관리와 정비가 필수적이다. 정겨운 산책로가 만들어져 있어야 숲 속 깊은 곳에 숨겨진 비경을 볼 수 있으며, 적절한 수분 공급과 계절에 따른 관리를 해야만 탄성이 나오는 꽃밭이 되는 것이다. 좋은 상품의 경우도 마케팅이 필요하며, 숲도 어떻게 관리하는지에 따라 그 가치가 달라진다.

사람의 문제도 마찬가지이다. 있는 그대로 놓아둔다고 해서 저절로 인정을 받고 사람들이 찾는 것은 아니다. 적절하게 관리하고 정성을 들여 유지하고 관리할 때 더욱 빛나는 가치를 증명할 수 있다.

특히 30대와 같이 열정과 에너지가 충만한 상품의 경우에는 더욱 그렇다. 에너지의 과함이 때로는 상품의 가치를 망가뜨릴 수도 있으며, 자신감과 자만감에 관리를 소홀히 하기 쉽다. 하지만 어떤 경우라도 적절한 관리와 좋은 상태를 유지하고자 하는 노력이 없다면 상품의 가치는 떨어질 수밖에 없다. 보다 적극적인 관리와 유지가 필요한 이유이다.

인생을 되돌이켜 보았을 때, 가장 그립고 가슴 벅찬 감정을 불러일으키는 시기는 언제인가? 아마도 무엇인가에 열과 성을 다하여 몰입하였을 때인 경우가 많다. 오직 공부 하나에 집중해서 노력했던 고3 시절이나 대학원을 준비하던 시절이 그리울 수도 있으며, 나름대로의 목표를 가지고 이를 달성하기 위해 열정적으로 노력한 때가 그립기도 하다.

직장 안에서의 30대란 바로 그런 때이다. 가장 열심히 일하고, 일에 대한 열정과 몰입이 강할 때이다. 그리고 이런 열정과 노력은 후일 흐뭇한 미소를 짓게 되는 원천이기도 하다. 다만 지금, 그리고 현재 충분히 노력하고 열심히 하는 경우에 그렇다. 만약 그런 열정과 몰입이 없다면, 먼 훗날 '나는 그동안 무엇을 이루었을까?'라는 아쉬움과 후회에 빠져버릴 수 있다.

지금 당신의 자리에서, 분명한 목표를 정리하고, 내적인 열정을 모두 모아, 한껏 몰입하여 행동하라. 그것이 당신 자신을 빛나게 할 것이다.

40대 직장인을 위한
핵심 키워드

40대 직장인은 대부분 직장생활 경험이 10~15년이 넘은 사람들로서, 직장생활의 성숙기를 보내고 있는 사람들이다. 직장 내에서 새롭게 배우는 것은 거의 없지만, 자신의 업에서 한층 업그레이드된 질적인 향상이나 뚜렷한 업적인 내고자 하는 때이며, 동시에 직함에 관계없이 많은 후배들에 대한 관리자 기능을 하는 시기이다. 이들에게는 다음의 세 가지 키워드가 필요하다.

1. 조망하고 리뷰하라

옛말에 '나이가 40이 넘으면 밥을 먹으면서도 질질 흘린다'는 표현이 있다. 저게 대체 무슨 말인가 궁금했던 적이 있었다. 직업 상 많은 사람들과 깊이 있는 대화를 나누고 그들의 고민과 아픔을 공감하는 나의 입장에서 이를 해석해 보면, '나이가 40이 넘으면 여러 가지 신경 쓸 일이 많아지고, 이 때문에 한 가지 일에 집중하지 못한다'는 것을 의미하는 것 같다.

40대 직장인은 그만큼 다사다난하다. 회사 내에서는 어느 정도 중요한 역할이나 지위를 가지고 있기 때문에 업무의 난이도가 높고 복잡한 일처리를 해야 하는 경우가 많다. 또한 개인적으로도 본인뿐 아니라 본인의 가족이나 혹은 부모님을 돌보아야 하는 의무가 생기기도 한다. 그리고 미래를 생각한다면 돈도 좀 모아야 하는 시기이지만, 돈 나갈 곳은 엄청나게 많아지며 그 단위도 커진다.

즉 직장생활이나 개인생활에 있어 복잡성이 증가하고 해결해야 할 문제들도 많아질 뿐 아니라 해결방법도 어려운 경우가 많다. 이런 상황을 고려할 때 본인이 감당해야 하는 다양한 이슈들을 잘 정리하고 효율적으로 다룰 수 있는 노력과 실행이 필요하다.

개인생활과 직장생활의 균형을 잘 맞추어야 하며, 직면한 이슈와 문제들을 잘 정리하여 대처하지 않으면 소위 '빵구'가 날 수도 있다. 그리고 각각의 이슈에 대한 처리 방법도 다양하며, 어떤 방법을 적용하는지에 따라 그 결과가 다를 수밖에 없다.

즉 40대 직장인의 경우에는 본인이 처한 상황에 대해 계속해서 조망하고 리뷰하면서, 주요 이슈들을 정리하고 관리해야 한다. 그래야만 이 복잡한 일들을 관리하는 것이 가능하며, 만약 적절한 대처를 하지 못하는 경우에는 후일 더 큰 대가를 치르게 되는 경우가 흔하다.

2. 아직도 끝은 멀었다

40대 직장인의 경우, 직장 내에서는 어느 정도 높은 지위에 오를 수도 있으며, 많은 후배들로부터 연장자 대접을 받기도 한다. 이런 직장 내 대접이 본인의 현실을 망각하게 하는 마취제와 같은 기능을 할 수 있다.

만약 정년을 다 채운다고 가정한다고 하더라도 10년 이상의 직장생활이 남아 있으며, 그 이후까지 고려한다고 하면 아직도 20년 이상은 나름대로의 일과 경력을 수행해야 하는 상황이다. 하지만 이런 사실을 자주 잊게 되며, 모든 것을 다 이룬 것 같은 착각을 하게 되는 경우가 많다.

이런 착각은 현재의 상황에 안주하게 만들 뿐 아니라 장기적인 관점과 노력을 소홀하게 한다. 따라서 점차로 자신의 경쟁력이 떨어지나 이를 인식하지 못하게 된다. 그 결과 10년 후에는 현재에 비하여 뚜렷하게 경쟁력이나 상품성이 낮아지는 결과를 초래한다.

일단 현재의 상황을 만족하고 즐기는 것은 중요하다. 하지만 끝이 아니라는 생각을 반드시 해야 한다. 그래야만 현재를 기반으로 하여 미래를 계획하고, 지속적인 성장과 발전을 이루어 낼 수 있다. 아직 샴페인을 터트리기에는 이른 시기이다.

단, 40대에 벌써 재산이 100억이 넘었다면 상관없다. 나머지 인생 동안 내내 돈을 쓰고 살기만 해도 되니까. 하지만 돈 말고도 다른 가치도 중시하는 사람이라면, 혹은 앞으로도 직장생활을 계속해야 할 필요가 있는 사람이라면 끝이 아니라는 생각을 되새겨야 한다. 자신의 가치를 지속적으로 유지하기 위해서는 장기적 관점에서의 끊임없는 성장과 개발이 필요하다.

3. '딴' 마음을 품어라

세상은 냉정하고 차갑다. 회사나 조직은 기본적으로 비인간적이다. 왜냐하면 인간이 아니기 때문이다. 회사나 조직은 성과나 결과를 만들어 내기위해 만든 목적적 집단일 뿐이다.

물론 10년 이상 내 청춘을 바친 곳이라면, 당연히 그만한 애착과 애정을 가지게 된다. 하물며 차곡차곡 적금을 부어 샀던 내 차에 대해서도 얼마나 애정이 가득한가?! 당연히 내 직장에 대해서도 감정적 이입이 생기는 것은 당연하다!! 이런 마음을 '애사심'이라고도 하며, '정'이라고도 한다.

하지만 냉정하게 말하면 차는 차일 뿐이고 조직은 조직일 뿐이다. 그 근본적인 속성은 바뀌지 않는다. 조직의 이익이나 성과 창출에 기여하지 못한다면 조직은 나를 냉정하게 대할 수밖에 없다는 것이 진실이다. 이런 점을 고려해서 조직이나 회사에 대한 감정적인 짝사랑을 어느 정도는 접고, 냉정한 이별의 가능성도 생각해야 한다.

그런데 생각해보면 직장생활만 그런 것이 아니다. 사랑하고 아끼는 내 딸은 언젠가 좋은 사람을 만나 결혼을 해서 나를 떠나거나 독립하는 날이 오고야 만다. 그렇게 정들었던 친구들도 졸업을 하면서 헤어질 수밖에 없는 것이다.

'회자정리(會者定離)'요, '거자필반(去者必返)'이라 하지 않는가, 건강한 이별을 준비하라. 그리고 이별이 이루어졌을 때를 대비한 딴 마음을 진지하게 품어라. 적어도 이별 후 갈 곳이 있거나 만날 사람이 있는 사람은 쿨하게 현재와의 이별을 받아들일 수 있다. 그래서 지금부터 본격적인 딴 마음을 품는 것이 도움된다.

40대는 전 직장생활을 고려할 때 반환점을 돌았다고 볼 수 있다. 마라톤의 반환점에서 어떤 것을 해야만 할까? 아마도 지금까지 달려왔던 과정을 되돌아보고, 현재의 상태를 고려하여 나머지 반을 어떻게 달릴지 생각해 보아야 할 것이다.

직장생활에서도 마찬가지이다. 직장에 첫걸음을 디뎠을 때부터, 내 청춘을 바쳐 열정적으로 일했던 과거와 그동안의 업적을 정리해 보라. 그리고 앞으로 나머지 반을 어떻게 할지에 대해서도 고민과 계획을 시작하라.

단, 시작점에서는 기운이 넘치는 상태에서 시작한 마라톤이지만, 반환점을 도는 순간부터 마지막 테이프를 끊을 때까지는 남은 체력을 다 쥐어 짜내면서 달려야 한다는 점을 고려해야 한다. 이 때문에 현재 기준으로 조망과 리뷰가 필요한 것이며, 장기적 관점을 가진 Re-Setting이 필요한 것이다.

50대 직장인을 위한
핵심 키워드

50대 직장인은 현재 직장에서의 생활이 10년이 채 남지 않은 사람들로서, 조직과의 결별 및 이후의 준비가 필요한 사람들이다. 한 직장에서, 혹은 여러 직장을 옮겨 다니면서 다양한 경험을 했을 것이며, 많은 업적을 남겼을 것이다. 일과 관련해서는 최고 전문가 수준에 이르렀을 것이며, 그에 상응하는 대우를 받고 있을 것이다. 이들에게는 다음의 세 가지 키워드가 필요하다.

1. 새로운 역할이 필요하다

역설적이게도 변화관리가 가장 필요한 나이가 바로 50대이다. 특히 한 직장에서 50대까지 근무를 하였다면 더욱 맞는 얘기다.

업무적 차원에서는 이미 완숙기에 이르렀으면, 웬만한 직장생활 내 사건이나 이슈에 대해서는 거의 대부분 경험해 보았을 것이다. 그런데 문제는 현재의 직장이라는 조건 하에서 그렇다는 점이다. 즉, 현재의 직장에서 근무한 기간이 오래되었을수록 현 직장의 조건과 상황에 길들여져 있으며, 반대로 다른 상황에 대한 유연한 적응은 어려울 수 있다는 것을 의미한다.

어찌 되었건 현실은 현재의 직장을 떠날 시간이 다가온다는 것이며, 현재의 직장을 떠나면 새로운 세계와 새로운 역할을 가져야만 한다는 것이다. 현재의 직장에서 충분한 인정과 대우를 받고 있다고 해도, 그것이 다른 상황과 새로운 직장 혹은 새롭게 시작하는 일에서도 그럴 수 있을 거라는 보장은 없다. 오히려 많은 나이와 높은 대우 수준이 새로운 회사나 일을 구하는 데 장애가 될 수 있다.

이런 현실을 명확하게 인식하는 것에서부터 새로운 시작을 해야 한다. 현재가 만족스럽고 좋은 대우를 받고 있을수록 이후의 과정은 험난할 수 있다는 점을 기억해야 한다. 그래야 새로운 역할을 감당하기 위해 더 많은 노력과 실행을 하고자 하는 의지를 가질 수 있다.

2. 감수하라! 그리고 각오하라!

만약 당신이 헤드헌터라면 당신의 상품성을 어떻게 평가할 것 같은가? 만약 당신이 다른 회사에 면접을 본다면 그 회사의 CEO는 당신을 어떻게 평가할 것 같은가?

50대 직장인은 그 어느 연령대보다도 이 두 가지 질문에 대해 냉정하고 객관적으로 판단해 보아야 한다. 물론 당신의 풍부한 경험과 완결 수준에 다다른 업무능력은 인정할 것이다. 하지만 그만큼 단점이나 취약점도 많다는 것을 알아야 한다. 낯선 새로운 직장에서, 한

참 나이가 어린 사람들과, 익숙지 않은 조직 문화에 적응해야 되는 상황에 직면해 있는 것이다.

이런 문제들은 없다고 부정해 봐야 소용없다. 또한 열심히 하겠다는 의지나 각오만으로 해결되지 않는다. 우선은 상대방의 입장에서 가질 수 있는, 걱정되는 이슈들을 솔직히 인정하는 것에서부터 시작해야 한다. 그리고 그 이슈들이 문제 되지 않을 것이라는 확신을 줄 수 있어야 한다. 과거에 이를 효과적으로 해결했던 분명한 사례나 경험을 이야기하거나, 이를 확실히 해결할 수 있는 실제적이고 현실적인 대안이 있어야 한다.

나의 장점을 인정해주지 않고 문제점만 본다고 화를 내거나 서운해한다고 해서 해결될 문제가 아니다. 분명하게 현재 자신의 조건을 인정하고, 그에 따른 대우를 감수하라. 그리고 이를 대처하고 극복하기 위한 다양한 방법들을 고민하라. 그것 만이 해결방법이다.

3. 소박한 바램과 큰 행복을 즐겨라

당신은 지금까지 충분히 열심히 일해왔다. 그리고 알고 있건, 모르고 있건 간에 많은 업적과 성과를 이미 남겼다. 열심히 살아온 당신에 대해 스스로 인정하고 칭찬하라. 열심히 살아온 당신은 충분히 그런 인정과 칭찬을 받을 만한 가치가 있다.

물론 주변의 사람들은 이를 충분히 느끼거나 표현해 주지 않을 수도 있다. 하지만 어쩌겠는가, 서로의 입장이 다르고 이를 볼 수 있을 정도의 충분한 경험과 시야가 없기 때문인 걸! 그래서 스스로의 인 정과 칭찬이 가장 신뢰롭고 가치 있는 법이다.

그리고 그 정도의 업적과 성과를 이미 냈다면 앞으로는 좀 여유 있게 지내도 된다. 젊은 시절만큼 열심히 하지 않아도 되며, 체력이 나 열정도 예전 같지는 않다. 따라서 목표나 계획을 수립할 때에는 이와 같은 현재의 상태를 고려해서 짜야한다. 그래야 스스로에게 무 리가 되지 않을 뿐 아니라 향후 성공 가능성도 높아지는 것이다.

즉, 현재의 상태와 수준을 고려하여 현실적이고 소박한 목표와 바 램을 가지는 것이 필요하다. 그리고 그동안 쌓아왔던 업적 만으로도 충분한 만족과 보람을 느끼라. 이를 통한 행복과 만족을 즐겨라. 그 래야 더욱 힘내서 새로운 도전을 시작할 수 있다.

보통 남자들은 50대가 되면 아버지 생각을 많이 하게 된다. 아버지의 입 장과 역할을 겪으면서 이제야 진정한 공감과 이해를 하게 되는 경우가 많 다. 여자들의 경우에도 50대가 되면 어머니 생각에 자주 울컥해진다. 지 금도 힘든 육아인데, 그 시절에, 그리고 그 많은 자식들을 어떻게 키우셨 을까 하는 생각이 드는 순간 마음이 먹먹해진다.

50대란 그만큼 시야가 넓어지면서 다양한 관점을 취하게 되는 시기이다. 그래서 50세를 지천명(知天命)이라고 하지 않는가. 즉, 세상의 이치와 원 리, 그리고 사람들 사이에 대한 통찰을 얻게 되는 시기인 것이다.

그런데 현실은 녹록치 않다. 그리고 아직도 한참 동안은 현업에서 활동해야 한다. 이런 자신의 상황을 정확히 판단하고 그에 따른 대처 방법을 고안하여 적용하는 것이 필요하다.

마무리는 항상 중요하다. 직장생활에서의 마무리도 잘해야 하며, 그래야 다음 단계에서도 성공할 가능성이 높아진다. 다시금 마음을 다지고 새로운 도전을 준비하라.

제 2의 인생에 도전하고자 하는 직장인을 위한 조언

연령에 상관없이 직장생활을 정리하고 새로운 도전을 계획하는 사람들이 있다. 아마도 직장생활을 정리하는 결정을 한 데에는 나름대로의 이유가 있을 것이다. 이와 더불어 새로운 도전을 위한 흥분과 설렘을 가지고 있을 것이다. 이들에게는 다음의 세 가지 키워드가 필요하다.

1. 더욱 냉철한 자기분석이 필요하다

직장을 그만둔 후 가장 먼저 드는 깨달음은 '직장이라는 보호막이 얼마나 컸던가'하는 것이다. 그동안 나에게 존중을 보이고, 어떻게든 잘하려고 했던 사람들에게서 배신감과 서운함을 느끼는 경우는 다반사다. 그리고 예전 직장으로 뻔질나게 찾아오던 사람들이었으나, 퇴사를 하는 순간 미팅 한번 잡기도 어렵다는 사실을 확인하게 되면서 서운함을 느끼기도 한다.

 속된 표현으로 직장 밖은 찬바람이 쌩쌩부는 냉혹한 현실세계이다. 직장이라는 배경이나 보호막도 없이 나 혼자 생존하고 견디어야 하는 새로운 야생인 것이다. 새로운 야생이라는 조건 하에서 본인의 경쟁력과 취약성을 새롭게 분석해야 한다.

'나'라는 상품 하나만을 놓고 철저한 자기분석을 해야 한다. 과거의 경력이나 이전 직장은 과거일 뿐이다. 이제는 나 홀로 독립해서 버텨야 하는 새로운 상황이다. 이런 새로운 상황에서의 새로운 제품 분석이 필요한 것이다.

그리고 이때의 자기분석은 직장 내에서의 분석보다도 훨씬 더 냉철하고 객관적이여만 한다. 왜냐하면 나 스스로에 대한 그동안의 평가는 직장이라는 변인을 포함하여 해왔던 습관이 이미 굳어져 있기 때문이다. 내가 근무했던 회사의 보호막이 걷히고 나면, 다른 사람들은 이전보다 나를 낮게 평가할 가능성이 뚜렷하게 높기 때문이다.

2. 더욱 큰 현실수용이 필요하다

직장이라는 것은 필요시 나를 지원해줄 사람들과 자원이 풍부한 상황이다. 그리고 나 아니어도 나를 대신할 수 있는 사람들이 있으며, 문제 발생 시 이를 해결할 수 있는 다양한 대안들이 있는 상황이다. 게다가 자신이 오랜 기간 동안 익숙해져 있는 상황이기도 하다.

그러나 제2의 인생이라는 것은 그렇지 않을 가능성이 높다. 새로운 직장에 들어가는 경우나 새로운 사업을 시작하는 경우도 마찬가지이다. 직장과는 전혀 다른 귀농을 하는 경우를 비롯하여 이전과 다른 새로운 상황에 직면하는 사람들 모두에게 해당된다.

직장인들 중 '나중에 귀농하여 농사짓고 싶다'라는 바램을 가진 사람들이 꽤 많다. 이 말이 실제로 얼마나 많은 세부 과업을 포함하고 있는지를 인식하지 못한다. 일단 평생 해왔던 익숙한 업무가 아닌 새로운 업무를 수행하는 것을 의미한다. 그런데 농사라는 업무가 쉬울 것 같은가? 절대 그렇지 않다. 일년 내내 정성과 노력을 한껏 기울여야 하는 장기적이고 고된 활동이다.

또한 귀농의 경우 해당 지역 사람들과의 융화와 조화가 이루어져야만 한다. 기본적으로 정시 출근과 정시 퇴근이라는 개념이 있고 급여라는 체계가 유지되는 곳에서 적응하는 것이 쉽겠는가, 아니면 전혀 다른 사회적 환경과 배경을 가진 사람들과 조화를 이루는 것이 쉽겠는가?

직장을 다니는 것과 농업을 하는 것은 세상을 바라보는 시각이나 접근 방법, 그리고 문제 발생 시 대처하는 방법 모두가 판이하게 다른 완전히 새로운 비즈니스인 것이다.

이와 같은 냉엄한 현실에 대한 분명한 인식 및 이에 대한 현실적인 대처가 없으면, 성공적인 제2의 인생이란 요원할 뿐이다. 내 업에서 어려운 프로젝트를 수행할 때와 같은 심층적이고 세부적인 분석과 그에 대한 체계적이고 효과적인 대안 도출과 적용이 필요하다.

3. 옛 생각을 버리고 타협하는 지혜

옛 생각을 버리는 것이 당연히 필요하다. 그리고 새로운 상황에 대한 매우매우 적극적인 타협 마인드를 보유하라. 그래도 성공하기 쉽지 않은 것이 제2의 인생이다.

만약 귀농을 하고 싶다면, 최소한 5년 전부터 땅을 구입하고 주말마다 그 지역에 내려가라. 그리고 마을 행사에 모두 참여하고 지역 주민들과 친목을 도모하라. 지역민들의 경조사에 참석하는 것은 필수이며, 통상적으로 내는 부조금에 비하여 두배씩은 낼 각오를 하라.

그리고 귀농 후 2년까지는 농사를 통해서 얻는 수입은 전혀 없을 것이라 각오하라. 20년 이상 농사를 지은 사람들도 날씨 때문에 실패할 수 있는 농사인데, 2년 만에 성공할 것이라 기대하는 것은 환상이다.

음식에 관심이 많아 음식점을 하고 싶은 경우도 마찬가지이다. 직장을 다니면서 자신이 하고 싶은 업종의 유명한 맛집들을 주말마다 다니기 시작하라. 그리고 그중 배워야겠다고 생각하는 맛집에서 무보수로 6개월 동안 설거지만을 할 각오부터 하라. 그제야 마음을 열어주기 시작할 것이다. 맛의 비법을 배우는 것은 한참 후의 일이다.

제2의 인생이란 지금까지의 익숙했던 것을 버리고 새롭게 인생을 시작하는 것이다. 지금까지의 경험이나 능력이 전혀 소용없을 각오부터 하라. 그리고 새로운 영역에서 바닥부터 시작할 마음가짐으로 임해야 한다. 그래도 성공할 가능성은 희박함을 인정하고 뛰어들어야 한다.

직장인 10명 중 회사를 그만두고 새롭게 사업을 시작하는 사람 중에 성공하는 사람은 몇 명이나 될 것 같은가? 이 질문에 대해 다들 '1~2명' 정도밖에 되지 않을 것이라고 대답한다.

그러나 실제로 사업이나 새로운 인생에 도전하는 사람은 자신이 그 1~2명이 될 것이라는 막연한 기대로 시작한다. 3년 이상을 버티는 법인이 15% 밖에 되지 않으며, 음식업을 새롭게 시작하는 사람과 폐업하는 사람의 비율이 유사한 것이 현실이다.

하지만 도전 자체를 접는 것은 바람직하지 않다. 이렇게 현실을 강조하는 이유는 만만하고 쉽게 생각해서는 안되기 때문이다. 그 어려운 중에서도 성공하는 사람들의 특징은 무엇일까? 냉정하게 현실을 인식하고, 자신의 장단점을 객관적으로 분석하고, 최적의 계획을 수립하여, 직장생활을 할 때의 두세배 노력과 열정을 기울인 사람들이다.

직장이나 직장 외에서나 성공의 법칙은 동일하다. 냉정한 현실 인식과 철저한 자기 분석, 그리고 그에 기반한 정교한 계획과 열정적 실행이다. 성공이란 정직하다. 정확한 방법으로 열심히 하는 사람에게 더 높은 가능성을 준다. 이를 분명히 명심한다면, 직장에서도, 그리고 직장 밖에서도 성공할 수 있다.

작심삼일(作心三日)의 가치

새해가 되면 많은 사람들이 새로운 계획을 세우고, 다짐을 하며, 열심히 하고자 하는 의지를 다진다. 하지만 세상사가 계획한 대로 되면 좋으련만 처음의 의지와 열정은 사라지고 흐지부지 되는 경우들이 흔한 경우가 많다. 이런 현상을 '작심삼일(作心三日)'이라 한다.

(작심삼일(作心三日): 큰 뜻과 포부를 가지고 계획을 세우나 그 과업을 완수하지 못함을 반복하는 행동)

이로 인해 새해의 큰 다짐은 흐지부지될 뿐 아니라 이를 지키지 못한 자신에 대한 자책이 반복되는 일이 매년 반복된다. 과연 이런 '작심삼일'은 정말 나의 과도한 욕심과 쓸데없는 객기에 불과한 것일까?

'작심(作心)'의 세 가지 기능

'작심'이란 그 자체만으로도 충분히 좋다.

'작심'에는 좋은 점이 3가지나 있다. 첫째, '내 현재에 대한 리뷰와 반성을 통해 부족한 점을 발견'할 수 있다. 둘째, '부족한 나의 부분에 대한 개선점을 고민'하게 된다. 셋째, '나의 개선 방향과 목표를 수립'하게 된다.

작심 과정에서 우리는 나 자신을 반성하게 되고, 앞으로의 개선방향을 수립하는 순기능을 경험하게 된다. 이는 별생각 없이 지나가던 나의 현재 생활을 리뷰하고 반성하게 되며, 앞으로 어떻게 가야 할지에 대한 방향 설정도 하게 된다. 이런 이유들만 해도 '작심'은 충분히 가치있는 활동이다.

'삼일(三日)'도 충분하다

보통 '작심삼일'하는 결심은 당장 긴급한 사항이 아니며, 하면 좋지만 안 해도 큰 문제는 없고, 장기적 관점에서 도움이 되는 것들이 대부분이다.

'새해'가 되면 운동을 시작하려는 사람들로 헬스클럽이 북적거리고, 자기 계발을 위한 영어학원에도 등록자가 몰린다. 하지만 지금도 충분히 바쁜 일정을 소화하고 있으며, 일정을 소화하느라고 몸과 마음이 지쳐서 운동보다도 휴식이 먼저 필요한 사람에게는 어려운 일일 수밖에 없다.

이나저나 작심하는 결심의 대부분은 실천하기 어려운 것들이다. 따라서 당연히 지키기도 어려울 수밖에 없고, 그것을 지키기 위해서는 큰 노력이 들어가야 한다. 현재 생활을 감당하기도 벅찬데, 거기에 상당한 노력이 드는 추가적 활동을 더하는 것은 애초부터 실현 불가능했던 것들이 대부분이다.

만약 결심한 것을 삼일이라도 했다면 그것만으로도 충분하다. '시작이 반'이라고 일단 반은 했던 것이니까! 주변 사람들을 봐라! 작심삼일을 하고 잘 지키는 사람이 많은가, 아니면 결심에서 그치고 아쉬워하는 사람이 많은가? 다들 작심하고 못 지킨 채로 아쉬워하고 자책하는 사람들이 널려 있지 않은가? 만약 주변 사람의 90% 정도가 작심삼일에 그친다면, 작심 삼일한 당신도 충분히 정상이며 그 정도 결과만으로도 칭찬할만하다.

그런 시도를 했다는 것만으로도 충분하며, 다음에 그런 행동을 다시 시작할 때 성공할 가능성을 높인 것만으로도 의미가 있다. 작심도 반복할수록 의지가 더욱 굳어지며(이번에는 꼭 성공하리라!!), 실패했던 요인에 대한 분석 및 대처가 더해지기 때문에 실제로 실현될 가능성이 높아진다. 내년에는 3일을 4일이나 5일로 늘려가다 보면 언젠가는 작심한 내용이 습관이 되지 않을까?

'작심삼일(作心三日)'과 관련된 금기사항들

작심삼일과 관련하여 하지 말아야 할 주의사항이 세 가지 있다. 이는 작심삼일의 의미와 가치를 향상하고 궁극적으로 작심의 내용이 실현될 수 있도록 하는 데 매우 중요한 요인들이다.

첫째, 심하게 자책하지 마라

앞서 논의한 대로 작심만 해도 좋은 순기능이 있으며, 삼일만 했어도 충분하다. 그리고 대부분 사람들이 작심삼일에 그친다. 스스로 그것을 못 지킨 자신에 대해서 너무 심하게 책망하거나 비판할 필요가 없다. 이런 자책이나 비판이 심해지면 작심삼일 자체를 안 하게 되거나 지금도 피곤하고 지친 나를 더욱 힘들게 한다.

둘째, 너무 거대한 작심은 피하라

작심삼일에 그치는 이유 중에 하나는 과도하게 높은 목표나 혹은 비현실적인 계획을 수립하는 데 있다. 운동을 시작할 때에는 첫 한 달은 일주일에 한두 번 헬스클럽에 가는 습관을 들이고, 이후 2개월은 주 2일 정도 방문하여 1시간씩은 운동하기 등 작은 목표에서 큰 목표로, 그리고 현재 상황을 고려한 현실적인 목표를 수립해야 한다. 당연히 실패할 수밖에 없는 과도한 목표나 애매한 계획 수립은 실패할 수밖에 없다. 거대한 작심을 피하고 구체적이고 현실적인 목표와 계획을 수립해야 한다.

셋째, 포기하지 마라

'작년에도 시도만 하다가 포기했는데, 올해도 안될걸 뭐하러 해'라고 생각하며 포기하지 마라. '너는 맨날 약속만 하고 지키지 않잖아! 말도 꺼내지 마!!'라고 타인을 구박하지 마라. 그런 시도를 하는 것 자체가 의미 있는 것이며, 이런 시도도 반복되면서 점차로 실현 가능성이 높아지는 것이다. 더욱이 긍정적으로 발전하고자 하는 좋은 마음을 품었다는 것 자체가 훌륭하지 않은가? 포기하지 않고 계속해서 시도하고 노력하는 것이 더욱 중요하다.

보통 사람들은 성공한 사람을 보면서 그 사람처럼 되고 싶어 한다. 하지만 그 결과만을 보고 부러워할 뿐이지 그 과정에서 얼마나 많은 노력과 시행착오가 있었는지에 대해서는 진지하게 생각하지 못한다. 큰 성공은 갑자기 오는 것이 아니다. '작심삼일'과 같은 스스로 발전하고자 하는 작은 의도와 노력에서 시작한다.

스스로의 '작은 의도 – 작은 시도 – 작은 성공 – 연속된 성공 – 습관화'의 연속적 단계를 통해 큰 성공이 이루어지는 것이다. 절대 포기하지 말고 작심삼일을 반복하라. 그 과정에서 당신은 분명히 발전하고 성장한다! 그리고 언젠가는 그 목적을 달성할 가능성이 높아진다.

작은 습관의 변화가 새로운 나를 만든다

이 책을 쓰는 과정은 참 길고 힘들었다. 벌써 몇 년 전부터 내담자들이나 고객들, 그리고 리더들을 상담하고 코칭하면서 이들의 고민과 해결책을 같이 공유하면 좋을 거라는 생각을 했다.

실제로 작업을 시작한 이후에도 난관은 산더미 같았다. '시작이 반'이라고, 일단 제목을 정하고 목차와 방향을 정하는 것이 가장 어려웠고, 저술을 시작한 후에도 끊임없이 수정과 보완을 거쳐 결국에는 최종 마무리를 할 수 있었다. 이 작업이 몇 개월을 넘어서서 몇 년이 걸리고야 말았다.

그런데 이런 과정이 책을 쓰는 일만 그럴까? 아마도 세상 모든 일들이 다 그럴 것이다.

처음 결심을 하고 계획을 수립한 후에도, 직접 행동으로 옮기는 데 까지는 한참의 시간과 노력이 필요하다. 그리고 일단 시작한 후에도 여러 가지 사정이나 문제들로 인하여 지연되거나 중단되기 일쑤다. 그래도 이런 과정을 다 넘어서서 끝까지 노력하고 행동하는 자만이 그 결실을 즐길 수 있다.

좋은 결실을 가지기 위해 필요한 핵심은 다음과 같다. 첫째, 미리부터 항상 준비하는 마음이 필요하다. 둘째, 준비한 계획과 목표를 달성하기 위한 실제적인 개발에 집중해야 한다. 셋째, 반드시 목표를 달성할 필요는 없지만 과정 상 노력하고 실행하는 것이다. 이 세 가지를 통해 내 인생에서, 그리고 나의 직장생활에서 좀 더 좋은 결실을 얻을 수 있다.

항상 준비하라

항상 준비하고 대비하는 것이 좋다.

스트레스를 줄이는 방법도, 미래에 성공하는 방법도 미리 예상하고 계획하는 것이다. 직장에서 어떤 스트레스가 있으며, 그 스트레스를 어떻게 대처할지 미리 준비하고 예상하는 사람은 스트레스를 덜 받으며 효율적으로 대처하고 해결할 가능성도 높아진다. 자신의 목표를 분명하게 설정하고 준비하는 사람은 향후 성장과 발전을 이룰 가능성이 높아진다.

직장생활을 열심히 할 생각이 있다면 그렇게 하는 것이 맞다. 단,

나 자신을 준비시키고 미래를 준비하는 것에는 나의 심리적 에너지를 10% 이하만 투자하라. 아무리 많아도 20%는 넘지 않는 것이 좋다.

왜냐하면 준비가 물론 중요하지만, 더욱 중요한 것은 이를 실천하고 행동하는 것이기 때문이다. 작게 계획하고 준비하고, 크게 행동하는 것이 낫다. 물론 시행착오가 생길 수도 있다. 하지만 긴 직장생활을 고려할 때 그 정도 시행착오는 새로운 배움의 형태일 뿐이다.

쉬지 말고 개발하라

정말로 쉬지 말고 개발하라는 말은 아니다. 하지만 그런 마음을 가지는 것은 중요하다. 항상 개발하고 성장하고자 하는 마음과 결심은 내가 경험하는 모든 것을 학습과 개발로 만드는 마법을 부린다.

오늘 당장 나에게 부여된 일을 수행하는 것도 자기 계발의 좋은 방법이다. 멀리에서, 새로운 사람을 찾을 것도 없이, 내 옆에 있는 동료와 나누는 대화 자체가 나의 대인관리 능력의 향상과 개발 방법이다.

지금까지 별생각 없이 반복적으로 했던 일에 대해서 어떻게 하면 좀 더 효율적으로 빠른 시간에 더 좋은 성과를 낼 수 있을까 고민하는 것 자체가 성과관리 방법이다.

주말에 백화점에 사이좋게 손 잡고 다니는 노부부를 보면서 나도 저렇게 되면 좋겠다고 생각하며 나의 변화관리가 시작된다. 왜냐하면 행복한 노부부가 되기 위해서는 서로를 오랫동안 존중하는 방법

뿐 아니라 효과적인 갈등관리가 반드시 필요하기 때문이다. 그 노부부는 쉽게 그 모습에 이른 것이 아니다. 그들처럼 되겠다는 생각에서부터 변화하고 노력해야 할 점들을 생각하게 된다.

자기 성장과 학습, 그리고 계발은 대단하고 거창한 것에서 시작하는 것이 아니다. 지금, 그리고 현재에 집중하여 나의 일에 충실한 것이 바로 자기 계발의 시작이다. 다만 '쉬지 말고 계발하자'라는 마음 정도만 가지면 충분하다. 내 주변의 상황이나 사람들이 모두 좋은 교보재이며, 학습과제인 것이다.

이 과정을 즐겨라. 후일 좀 더 발전해 있는 자신의 모습을 발견하게 될 것이다.

범사에 노력하라

노력과 실행은 가장 중요한 방법이다. 실제로 실행하지 않은 계획이나 마음가짐은 아무 소용이 없으며, 실체적 결과를 만들어 내지 못한다. 실제 행동으로 옮기는 것이 중요하며, 기왕 할 거라면 조금만 더 열심히 하면 좋다.

너무 이상적이고 높은 수준의 부담을 부과할 필요가 없다. 현재 자신의 실행 수준을 100이라고 가정한다면 110~120% 정도만 한다고 생각하라. 물론 기간도 넉넉하게 잡으라. '이번 주 내'라던가 '오늘 당장'과 같은 부담스러운 기한 설정은 필요 없다. 한 달이나 분기 내에 현재에 비하여 10~20%만 성장하는 것만 해도 충분하다. 그것도 부담스럽다면 올해 안에만 하라.

더욱 중요한 것은 행동을 시작했다는 것이며, 조금이라도 노력하는 습관을 들였다는 것이다. 이런 작은 성취와 만족이 모여 궁극적으로 큰 변화를 만들어 낸다. 작게 계획하고, 부담 없이 시작하며, 가볍게 행동하라. 그래야 좋은 결과를 얻으면서도 마음의 평화가 유지되고 행복한 결말을 보게 된다.

궁극적 변화라는 것은 작은 시도와 작은 노력이 쌓여서 만들어지는 것이다. 결과적으로는 커 보이는 변화도 실제로는 작은 시작이 있었던 것이며, 그것이 계기가 되어 지속적인 변화들이 축적되어 큰 변화를 일으킨 것이다. 한 사람, 한 사람의 관심과 참여가 모여 이 사회를 변화시킨 큰 사건들이 발생하는 것이며, 널리 알려진 유명 운동선수도 결국은 작은 시작과 노력에서부터 출발한 것이다.

개인적으로 매너리즘에 빠졌다고 생각되거나, 마음을 다져야 할 일이 있을 때 보는 사진과 글이 있다.

"더는 못한다고, 이 정도면 됐다고 생각할 때
그 사람의 예술인생은 거기서 끝이다!"

바로 유명한 발레리나인 강수진 님의 발과 글이다. 보통 사람과는 너무 다른 세계 최고의 발레리나의 발 사진을 보게 되면, 발이 그렇게 되기 까지 얼마나 많은 연습을 했으며, 얼마나 큰 좌절과 어려움이 있었을까 하는 생각을 하게 되면 가슴이 뭉클함을 금할 길이 없다. 아마도 많은 연습을 위해서는 큰 인내심과 노력이 필요했을 것이며, 좌절이나 어려움을 이겨내기도 참 힘들었을 것이다. 그럼에도 불구하고 하루하루에 집중하면서, 하루하루의 연습과 노력이 쌓여가면서, 좌절이나 어려움에 굴하지 않고 견디어 내면서, 오늘의 결과를 만들어 냈을 것이다.

물론 태어날 때부터 천재이거나 금수저인 경우도 있다. 그러나 더욱 중요한 것은 오늘 하루하루를 임하는 나의 마음가짐과 행동일 것이다. 너무 큰 목표와 변화에 대한 부담으로 지치고 힘들 것도 없으며, 미리부터 포기하고 좌절할 이유도 없다. 오늘의 작은 노력과 실행, 그리고 작은 습관의 변화, 이것들이 쌓여서 미래의 나를 만들어 간다.

어제보다 조금 더 건강한 습관, 어제만큼의 노력을 유지하는 것, 그리고 그런 변화를 위한 나의 노력을 스스로 칭찬하는 것! 이와 같은 작은 습관의 변화가 미래의 새로운 나를 만드는 것이다.

글을 마치며

함부로
사표를
던지지 마라

함부로
사표를
던지지 마라